开禧北伐

虚弱的反攻

主编 耿元骊
宋朝往事 系列

刘芝庆
著

辽宁人民出版社

© 刘芝庆 2022

图书在版编目（CIP）数据

虚弱的反攻：开禧北伐 / 刘芝庆著 . —沈阳：辽
宁人民出版社，2022.1
（宋朝往事系列 / 耿元骊主编）
ISBN 978-7-205-10282-1

Ⅰ . ①虚… Ⅱ . ①刘… Ⅲ . ①开禧北伐—通俗读物
Ⅳ . ① K245.05

中国版本图书馆 CIP 数据核字（2021）第 189253 号

出版发行：辽宁人民出版社
　　　　　地址：沈阳市和平区十一纬路 25 号　邮编：110003
　　　　　电话：024-23284321（邮　购）　024-23284324（发行部）
　　　　　传真：024-23284191（发行部）　024-23284304（办公室）
　　　　　http：//www.lnpph.com.cn
印　　　刷：北京长宁印刷有限公司天津分公司
幅面尺寸：165mm×235mm
印　　张：15.5
字　　数：236 千字
出版时间：2022 年 1 月第 1 版
印刷时间：2022 年 1 月第 1 次印刷
责任编辑：赵维宁
助理编辑：段　琼
封面设计：乐　翁
版式设计：一诺设计
责任校对：吴艳杰
书　　号：ISBN 978-7-205-10282-1
定　　价：58.00 元

总序：宋朝往事，如在眼前

后周显德七年，岁在庚申，公元纪年则曰 960 年。这一年的"春节"，就在公历 1 月 31 日。经过了数十年的各方势力混战，天下还在大乱，百姓生活仍在苦难之中（当然，传统王朝盛世，百姓也在苦难之中，乱世倍增而已）。不过，古今一例，百姓们大过年的，假装也要假装一下，麻醉也要麻醉一下，大户小家都欢天喜地，撤旧符，换新桃，祭祖悬影，张灯结彩，宴饮欢唱。无论内忧外患如何，生活总要继续下去。可是，就在中原大地一片祥和气氛之中，突然——可以说非常非常突然，大年初一，北境传报紧急军情！北汉勾搭辽军，攻打过来！开封城内，惊慌失措的百姓，惊慌失措的大臣，还有惊慌失措的小皇帝，焦急一迭声：怎么办？怎么办？

"大周"，说起来总是中原正朔，且蓬勃之际，岂能坐以待毙！必须抵抗，必须派最富军事指挥才能的大将率军抵抗！不过，谁是具有这样能力的大将呢？当然，朝廷知道，百姓知道，只有赵匡胤一人而已。赵匡胤成竹在胸，也不推辞，安排妥当，于初三日带兵北征。走了一天，来到陈桥驿，夜色降临，驻扎下来。接下来的故事，三尺孩童以上，便无人不知、无人不晓了。"黄袍加身"的"陈桥兵变"成为古今耳熟能详的"往事"。显德七年，飞速变成了建隆元年，开启了一个全新朝代：宋朝。由此，也就进入了我们这套丛书的主题："宋朝往事"。

在中国历史上，"宋"之魅力，独树一帜，让人不停地想起它。提起宋朝往事，很多人都感觉历历如在目。那么，以后见者之明，再观察宋代，到底该如何认识宋呢？陈寅恪先生讲"华夏民族之文化，历数千载之演进，而造极于赵宋之世"，就已经为它定性定向，成为我们认知宋朝的一个基底性叙述了。不过晚清民国以来，学者与世人在外敌入侵的背景下，看待宋朝总是觉得它"积贫积弱"，几乎只有陈先生独具慧眼，但是随着世界的变化，研究逐步深入，观念多轮更新，世人越发理解陈先生的先见之明，发现宋朝既不贫也不弱，乃至更多强调"宋朝"有趣又有生机的那一面了。在当代中国人看来，这是一个有意思、有故事的风雅时代。

宋朝文化，偏于"雅致"一路的气象，已经有无数学者指出过了。虽然"西园雅集"其事本身未必完全符合史实，但是"雅集"精神却是宋代真实的"文化心理"。他们吟诗词而唱和，他们抚琴听音，他们绘山水而问禅风，"宋型"的文人风貌就显现于其中。从"西园雅集"的千年反复阐释与模仿当中，足见其影响之深远。而"雅集"所体现出来的"极简"美学，是宋代高雅文化的全部核心所在。扬之水先生说："抚琴、调香、赏花、观画、弈棋、烹茶、听风、饮酒、观瀑、采菊、诗歌和绘画，携手传播着宋人躬身实践和付诸想象的种种生活情趣。"当然，这种风雅文化，也深深影响到市井文化，推动了市井文化与风雅文化同步大放异彩。甚至可以说，在宋人那里，市井文化就是风雅文化的变身。

宋朝经济，由以工商流转增值为主的经济运行模式，初步迈向了现代经济的门槛。又因为总掌控区域大幅度缩小，外部军事压力过大，财政供给压力倍增，不得不开拓在传统农业经济之外的财政来源，竟有意外收获，也就是发现了一条新经济之路：由工商业繁荣，进而推动生产力的提高。手工业和商业贸易，对比前朝，都有了大幅度的进步。作为衡量经济发展的一个重要指标，宋朝常年铜钱铸造数量，比唐代鼎盛高峰还多出数倍，更不用提出现"交子"这样具有现代化性质的纯信用货币。当然，受限于诸多因素，并未能或者说完全没可能实现从传统经济向现代经济的惊险一跃。

宋朝政治，在传统时代的政治大势中，堪称特例。皇帝与"士大夫"共治天下，不因政治斗争因素随意诛杀大臣，都是宋朝的独有特殊之处，因而建立了一种相对开明的政治局面。虽然我们完全了解，宋代的政治也有诸多问题，党同伐异，文字狱，争执与整肃似乎也都没少过，但是在整体上观察帝制时代的政治，完全可以确认，宋朝相对偏于宽松。从整个王朝政治史上观察，两宋还都可以说是独特的存在。而科举取士，更是奠定了读书人在政治上的进取之心，社会流动开了一个虽不宽松但也绵绵不绝的上下交通渠道。有志者，可以通过考试进入统治阶层，自认对天下有责任，亦有担当，"先天下之忧而忧，后天下之乐而乐"。

无论从哪个角度看，宋朝都是奠定中华文化最终形成的重要一环，无宋则不足以言中华文化。不过，普通读者对宋朝的印象，在经历了长期的看低之后，则有近似180度的大转弯。最近数年，欣赏宋朝，研读宋朝，描绘宋朝的生活则成为影视、阅读、游戏等各类市场上的新宠。各类时新或传统媒体，吋不吋地就出整本的宋代专题，制作了各种各样的音频课、视频课，坊间也在学术著作大批出版的同时，出现了无数种关于宋朝的通俗著述。在关于宋朝的叙述大繁荣之时，在这无数种关于宋代的讲述中，为什么我们还要再增加新的一种呢？这大概就是因为，宋的魅力势不可当。虽然名家大作，珠玉在前，但是我们还是想试图提供更多的维度给读者进行参考和对读。

如何提供这更多的维度？孟浩然的诗句"人事有代谢，往来成古今"

最能代表我们的心情和缘起之思。就是想通过人和事的两方面，与读者诸君讨论宋朝的独特之处。宋之风雅、政事、富庶，都体现在人和事之中了。没有那些独特的人，风雅不可见；没有那些风雅之士的行动，政事不可知；没有那些百姓的努力创造，富庶无可求。想要全方位地观察宋、了解宋，欣赏大宋之美，就请和我们一起来回首宋朝往事吧。

当然，宋代人物纷繁，我们首先选择了赵匡胤、范仲淹、寇准、沈括、岳飞这五位代表性人物。相信以读者诸君的敏锐，已经明了了我们选择的用意。赵匡胤，开国之君，没有他的布局和冒险一搏，不会有大宋的建立；没有他所奠定的基础，宋朝也许就是那个"第六代"了。范仲淹，相信没有人不知道他的名言名句，几乎每个当代中国人都会反复学习那千古名篇，没有他，宋朝就缺失了一点什么。寇准，评书演义当中的最佳人物，一句"寇老西"牵动了多少我辈凡夫俗子的心！可以说，他就是那个有棱角有缺点的最佳演员。沈括，我们了解他的大书《梦溪笔谈》，更了解他记述下来的活字印刷术。他是那个时代的文人典范，虽然后人未必赞同他的为官为人之道，但是都欣赏他作为文人士大夫而能关注于下里巴人技术进步的开放心态。岳飞，更是无数传奇小说当中的最优榜样，千百年来，不知道影响了多少英雄豪杰！宋朝有没有比他们这五位更出色的"人物"？当然有，一定无穷无尽。司马光、苏轼、王安石……这个名单可以列出来一长串，也都是一代名臣名家，甚至有着更加巨大的影响力。不过他们得到的关注更多，已撰成的论述也更多。所以，我们设想，关于其他"人"的进一步阐发，就留待本丛书的第二辑乃至更多辑。

因人而成事，宋代历史上，几乎每天都有大事发生。这些大事如何走向，以后见之明来看，在历史上就更有关键节点的作用了。我们同样选择了五件大事，作为代表，算是尝一脔而知一鼎之味。东封西祀、熙丰新法、靖康之难、三朝内禅、开禧北伐是我们选定的第一批"大事"。读者诸君，聪明如你，当然也更明了这五件事情在宋代历史上的关键性作用。宋真宗不甘平淡，又缺雄才大略，导演了一场天书降临的闹剧，东封西祀，营造太平盛世，将宋朝引到了一条歧路上，带坏了政治风气，无谓地消耗财富积累，导致社会出现重大的方向调整。宋神宗继位之后，梦想成为一个大有为君主，有着强烈的改变现状的想法。与王安石一遇即合，君臣相得，开启了一条"改革之路"。不过这改革既艰难，又复杂，在宋人眼里更如乱来。千载之下，评说仍未有完结之期。靖康之难，更是一个朝代的伤心之史。在繁华富足当中，突然崩溃，亦是千年少见之事。再建南宋，久居钱江之畔，临安临安，已再无临意。不过相对长期稳定的政治局面之下，皇位继承这个中国传统政治的大难题，在南宋前半期又成为难上加难的超级难题。南宋前四帝，总共见过了四次内禅（高宗为皇子时，见徽钦之禅）。王朝体系下，就没有真正的家事与国事的分别，这一国事家事大难题，搅得政局翻覆，影响极大。再到开禧北伐，只好说它是虚假的反攻。韩侂胄的大冒险，最终把屠刀留给了自己。而由此导致的政局动荡，让后人感觉平添了几分萧瑟。更不幸的是，蒙古崛起，应对失当，为最终没落埋下了失败的种子。以此五事，可见宋朝历史脉络的大关节之处。除此之外，大事当然更多，不过丛书容量有限，只能留待今后继续讲述。

　　以上五人五事，共同构成了我们设想中的"宋朝往事"。知人论世，读人读事，把"人"和"事"立体组合起来，这是我们设想的一种新尝试，成功与否，还需要留待时间来验证。但是希望读者诸君，能看到我们11个人的共同努力，期待您与我们携手，一起走进宋朝，欣赏大宋往事，感慨世事变迁，回到大宋场景中，感受历史长河的孤独前行。

　　本人供职于坐落在千年古都的河南大学，日常所居之处，每日教学相长之所，就在开封的东北角，宋代遗存"铁塔"之下。这个位置，大概也是王诜的"西园"附近。无论雅集是不是真的存在，作为宋文化的象征，早已经名垂千古。在西园与宝绘堂旁，走在千年铁塔之下，不由得就会生发出思宋之情，悬想宋人生活之景之情，与二三同志研读宋史，更体悟得"雅集"之趣。也就是在这个宋文化与文明萌生的一处所在，在辽宁人民出版社蔡伟先生的盛情邀请下，本人虽不敏，但勇于任事，担下了组织撰写"宋朝往事"的工作，希望我们 11 个人的努力，以"轻学术"的方式，既有学术上的严谨厚重，又去掉严格脚注带来的束缚与阅读限制，能带给大家一点不一样的阅读体会。感谢陈俊达（吉林大学）、黄敏捷（广州南方学院）、蒋金玲（吉林大学）、刘广丰（湖北大学）、刘云军（河北大学）、刘芝庆（湖北经济学院）、王淳航（凤凰出版社）、王浩禹（云南师范大学）、张吉寅（山西大学）、赵龙（上海师范大学）等一众优秀青年学者（以上按姓名拼音排序）的鼎力支持，加盟此系列的撰述。

我们也知道，坊间已经有很多种宋史普及读物，我们新增这一丛小草，希望它也有同样的生命力。我们贡献全力，虽然通俗，但不媚俗，文字尽量有趣，但是绝不流于戏说，希望能为您的读书生活增添一点真正的趣味。当然，高人雅士，亦望教导指出书中不当之处。您开卷展读之时，希望我们 11 人没有辜负您，也没有浪费您的宝贵时间，更愿读者诸君与我们一起走进宋朝，知宋，谈宋，理解宋。

耿元骊

2021 年 5 月 20 日于河南大学铁塔湖畔

目　录

引　子

一、为了聚焦而分散

这本书，名称是《虚弱的反攻：开禧北伐》。众所皆知，"开禧北伐""嘉定和议"是南宋时期的两个重要事件，它们之间密切相关。表面来看，前者是因，后者为果，不过因果关系并非简单的直线连接，所以我们不打算仅止于此，更要上溯下诉，要左右逢源。

从上，由宋高宗谈起，经过开禧北伐、嘉定和议，下启史弥远、端平更化，直至贾似道，这是上下之际。而牵涉当时的整个状况，则是横向面，左右包围之下，社会氛围、政治场景以及人物心理等，都属其中。

这样做的用意，除了增加本书的广度，更在于聚焦于主题——是的，读者们，您没看错，分散是为了聚焦，扩充是为了更集中。此等看似相反，却是相成的思维，其实颇为常见。《老子》第四十二章："故物或损之而益，或益之而损。"《越绝书》："进有退之义，存有亡之机，得有丧之理。"西谚亦云："后退所以前跃（Reculer pour mieux sauter）。"正反相成，盈缺相生，皆可见其中奥妙。

　　葛兆光在《思想史的写法——中国思想史导论》中说明，没有精彩思想的时代，本身也有思想史的意义，可以说是"无画处皆是画"。葛兆光用了生动的比喻："所有的眼睛看东西，都是焦点凸显而背景含糊。可是，世界上其实本来无所谓焦点和背景，只是观看者有了立场，有了视角，有了当下的兴趣，再回头看去，就有了焦点和背景，有了中心与边缘，面前的世界于是产生了清晰的和模糊的差异。"

　　就如鲁迅所说，"世上本没有路，走的人多了，也便成了路"，依着路走，有指引、有方向，人多的地方也比较安全，当然是一种清晰的角度与理解。只是我们不能觉得这条路、那条路就是一切，就是所有，就是全世界。结合葛兆光先生的意思，是后设性地解构研究的角度以及我们走的路。意味着我们要有自觉：看事情，有了焦点就有了背景。每当关注转移，清晰的和模糊的、差异与界限，是极有可能改变的。所以扩充、增加、分散的目的，是希望在长时间的视野中，更能凸显、聚焦、集中，也更精确地判断事件的内涵与价值。

　　顺着这样的思路，本书的重点不在于解构，也不在于指出路上有何危险，反而是反其道而行：正因为有了立场与视角，焦点才能更清楚，表述才能更清晰；正因为焦点明确，在背景浮现的过程中，在历史的脉络中，我们更能发掘"开禧北伐""嘉定和议"的意义。

　　这样子读历史，或许也是用处之一。

　　读历史的用处？莫非又是"以史为镜，可以知兴替"等老套的话语？黑格尔在他的《历史哲学》中就指出："人类无法从历史中学到任何东西，也没有依据历史上演绎出来的法则行事。"原因何在？简要地说，每个事情都有自己独特的事理，各受其社会、环境、人事、意识形态等制约，你的经验未必是我的经验、古未必全同于今，此一时，彼一时，时势不同故也，所谓重演者，名同实不同，"重演"云乎哉？历史不可能完全相同，若然如此，读史学教训，可能吗？有意义吗？

其实，正好就是这个老说法，让我们读历史，才能学到更多。

二、读史为何

20 年前，我读大学历史系——又或者说，更早更早的时候，当我开始接触历史时，就不断遇到类似的提问：

"读历史，到底有什么用？"

如今，走过三十而立，四十不惑，悠悠晃晃，对于问题，有了一些初步的解答。

犹记得当年考上研究所，人家问我在哪儿读书？答曰："台湾大学。"对方立刻满脸羡慕，"哇，名校耶，好棒！你是学什么专业的？"

"我是读历史的。"

"哦！"

哦！然后，就没有然后了。他们大概是想说：你都考上台大了，去读历史专业干吗？

或许更扩大些，读文史哲干吗？或许还能再扩大些，读文科干吗？

说到底就是：你为什么这样想不开？

"读历史，到底是为了什么？"

当然，人们的质疑，有没有用，多是属于现实层面：好不好找工作？能不能找到工作？工作好不好？工作能做些什么？诸如此类，循环反复。

龚鹏程在《文学散步》中说，"某某有什么用"的思维，基本上是工具与目的的诡谲。也就是说，当我们说"有用"，往往代表着一个意思，为某个目的服务。例如要吃饭，碗就是用来盛食物的；要打人，碗就是武器。

换句话说，当我们问"某某有什么用"，不是真的问它有什么用，而是已经预设了目的。"读历史，到底有什么用？"预设立场就是：找工作。转深一层，类推比附，也可以据此论断："读大学，是为了好找工作，找好工作。"

可是，功用会转移，目的也会改变，"用"与"不用"，又怎能有绝对的答案？

反过来说，如果真的以能否找得到工作来断定学科有没有用，大学所有跟工作无关的学科、课程、教职员工，都应该废掉。不对，全部大学应该开在企业或工厂里，直接对接，老板要什么，大学就教什么，看起来最有用。

可是，我们都知道这是不可能的，也是荒谬的。

只是，文史哲科系，到底该怎么办？于是众多学者不断告诉我们，正如我上大学的第一堂课"史学导论"，这个年轻的刚毕业的博士讲师，抱负满满，眼神充满明亮憧憬，在黑板上写下几个大字：

"无用之用，是为大用。"

"无用之用，是为大用"，出自《庄子》，相信读者早就耳熟能详。用来替文史科系找工作的问题解套，既是对《庄子》的创造性转化，也说明了思维、想法、精神、内涵，常常比技术性知识更重要，用与不用，都不该只停在表面层次。

可是，那些好找工作的热门科系，难道就没有思维、想法、精神、内涵？"无用之用，是为大用"，如果真的有效，大家为什么不挤破头考历史系，读中文系，念哲学系呢？为什么这些科系，不是高考（中国台湾叫联考）最高分呢？

找工作，要有用，极端看重技术性的能力，技术很重要，最好去读职校；如果没有，因应工作来学习相关技能，也不是不行，就好像我进入大学教书之后，才开始学 Word、Excel，用来应付每年的各种考核填表一样。

"无用之用，是为大用"，当然很重要。我个人更看重的却是：人，要处在"有用与无用之间"。即事言理，立场转换，存乎变通，才不会把知识过度功利化、工具化、假科学化以及虚无缥缈、空虚空泛化。

"有用与无用之间"，读历史，或许就有了"真正的用"，从历史学到的思维方式与观点启示，既可以让你面对未知时，有些经验去探索、去调整，"以今日之我攻昨日之我"；也可以让你在学习技术性知识时，拥有更多元与更好的节奏，来决定自己该从何下手，该如何面对。

其他学科，或许会告诉你类似的话。例如：数学不只是算数，更是一种逻辑推理与验证的方法；理化不是背背化学元素周期表，更是一种了解自然与自我的实验计划。

这些都对，知识就是力量。一门学科，即便是电竞等新兴类型，一旦学习者有足够的自觉去反省自己，反省自己的知识结构，反省自己知识结构的来源立场，也就有了独立思考。历史如此，其他亦如是。

　　而在历史系、中文系读书多年，身在其中，学到无穷的智能与分析能力。个人的方法是，读历史，要先设身处地，历史人物为何这样做？如果是我，又会如何做？读历史，作为"有用"的内涵之一，就是引导我们分析、思辨、判断，然后理解。

　　简单用个例子说明。秦始皇即位，才 13 岁，不过现代小学、初中年纪，当我们在玩《王者荣耀》，嘲笑对方技术烂，很菜，说他像"小学生"，殊不知，真正的小学生，或者大一点点，初中一年级的学生，已经当上一国之主了！

　　为什么会这样？当我们去问"所以然"时，就会利用史料解读辨别，以个人的论述能力、生命阅历、当下境况，解释分析，镜别源流，便是"知其所以然"的训练，包括思维的，更包括信息的。放在现实人际之中，别人的各种应对进退、身世背景，别人的举止动态、只言片语、长篇大论，不都是值得分析的资料？他或他们的言内之意、言外之意、言后之意，不都是值得我们理解的现象？

　　理解，不是同意，也不是曲意奉承，就是我努力去懂你，却不一定会赞成你，"同情的理解"可不是"无条件的支持"。要知道，当秦始皇年幼即位，掌权的吕不韦，到底是生父还是继父，都还搞不太清楚。自己的母后赵姬，赵姬的男宠嫪毐，以及不计其数的党羽、朋友、伙伴。这些人，论阅历、讲年纪、说势力，哪个不比秦始皇强？秦始皇该怎么办？如果你是秦始皇，又该怎么做？在职场上，在生活中，你懂得如何应用了吗？你明白该怎么思考了吗？你清楚该怎么生存了吗？重点是，秦始皇可以理解自己当下的处境，所以做出了适当的选择。

你呢？有没有理解的能力呢？不说别的，就说嫪毐，他当然知道自己的处境，吕不韦利用他，赵姬宠爱他。光靠这些，都不够，他要巩固自己的地位，他怎么做？"太后私与通，绝爱之。有身"，让太后怀孕啊！让政敌投鼠忌器，让自己有谈判权柄。看！司马迁多会写，目光如炬，"史家之绝唱，无韵之《离骚》"，说得真是太好了。所以史学家也需要理解，这样子写史，更能有用。就像在现实生活上，我理解了当下，我就能解释许多事情。我要理解，就必须善用目前所知的材料，或论证或解释或分析，每当有新信息出现，就必须调整、改变或是强化观点。

当然，不只是大人物，小人物也是，历史上各种形形色色、奇形怪状，有风景，也有煞风景；有"坚强的土豆"，当然也有"快乐的咸鱼"。如果是你，该怎么办？

所谓的理解，也包括自知。在《庄子》里，有则西施病心的故事，某人（里之丑人，即俗称的"东施效颦"）模仿西施，结果吓得村民不敢出门。一般多以为是里人长相不佳，画虎不成反类犬，好像外形才是主因。其实不是，书中已明确告诉我们答案："彼知颦美而不知颦之所以美。"用最简单的话来讲，美与丑，不是这则故事的核心，只是呈现的外象罢了。重点是：里人不够了解自己。因为不了解自己，所以不知道自己的长处，因为不清楚自己的特长，所以会去模仿不适合自己的事物，会跟着潮流走，不断追逐跟风，失去了自我。

对的，就是自己，我为什么活在世上？活着与死亡，有什么差别？我在别人眼中，又是什么模样？我看别人，又如何看出了自己？在人世与人际的网络关系里，我又是什么位置？如此种种，皆可归于一，那就是我们总在不断反思——我是谁？又是怎么样的历史文化塑造了我？怎样促使我发生改变？而传统与现代的关系，对于当下社会氛围的产生，又是如何？以至于对我造成影响？但是，认识自己还不够，更要认识他者，理解他者。摆脱时空与空间，还有个人经验的诸多局限，学习从不熟悉的角度与领域看别人、看群体、看世界，尝试多方面了解他者的立场。

其中，历史教育的目的，就是认识自己与社会，到底是怎么变成如今的样子的？过去造就了当下，当下的选择又决定了未来。以上种种，都在提供我们自知与知人的各种资源。更可以这么说，相对来讲，知识可以是客观的，怎么理解、运用知识，仍在于主观的自己。同样在《庄子》中，也说明这个道理，一个可以让手不龟裂的药方，有人靠它得到封地奖赏，有人却把它用来漂洗绵，其因何在？不仍在于"认识"与"理解"的深浅不同，影响了运用的范围吗？

还有，我们要懂得欣赏：历史人物如何自知己身的限制，然后有超越的决心。我们读历史，就不能只看到性别、阶级、族群、学历、宗派、出身、斗争等，更要看到有许多超乎功利与情感好恶的东西。而缺乏同理心，会不近人情，自以为是；过度同情的理解，就会变成堕落。毕竟，这些因素，对于历史人物而言，都可能是种内化，促成他变成这样变成那样，是他之所为他的主要因素。但是，更进一层的，他如何突破？如何殚精竭虑更新自我？如何重生？如何杀出重围？他们或无可奈何而安知若命，或冲决罗网内化超越，最终安身立命。"钱塘江上潮信来，今日方知我是我"，找到自我的出路与归宿。

知人者智，自知者明。读历史，简直太有用了！

知今不知古，无法增长智慧阅历，见识不足，又如何作判断？知古不知今，容易拘泥形式、忽略眼前事实，既然只会这个不会那个，是以偏概全，那么，通古又通今又怎样呢？可是，人生实难，大道多歧，通古又通今的人又有多少？

对于情势，要能了解过去、又能通观现况，"读历史学教训"的目标才算成功，但是通古通今是几乎不可能的事，"读历史学教训"的目标，亦不免因此大打折扣。可是，就算是打了好几折、东扣西扣，教训仍然有用，知古亦足以鉴今，教训与鉴今不是因为历史重演，而是世事的判断与选择，往往有赖于自身的学识与经验，读历史便是增长的方法之一。

讲到这里，我们又渐渐能理解，虽然不完全赞同——为何许多人，特别是朱熹等理学家，总爱说读经重于读史，读史大多是阴谋诡计，容易让自己也城府满满，心术不正。只有先读经，先建设好正面的价值，才不容易受到权变、世俗的混淆。

读史，尔虞我诈，话中有话，真真假假，容易被政客或是历史人物的空话、假话、坏话欺骗，把黑暗当作光明。读得太进去，融入生命，往往会变得阴险狡猾，看透人性，只注重利益，缺少了理想；只有现实，没有梦，满肚子利益好处，花开花落都不见。

人没有梦想，跟咸鱼有何分别呢？

当然，经史问题，自从近代以来，已经失去神圣性，以色列里没有王，就当代学科来看，诸子平等，学科都应该要相对客观些。经与史孰高孰低，似乎已经不是当代学术常关心的问题。

可是，事情没有这样绝望，反过来说，因为读史可以深入人性幽暗，所以我们更应该要放眼光明，抱有希望。劳伦斯的《查泰莱夫人的情人》中有一段，也是台湾作家李敖最喜欢引用的话："苦难当前，我们正置身废墟之中。在废墟中，我们开始盖一些小建筑，寄一些小希望。这当然是一件困难的工作，但已没有更好的路通向未来了。我们要迂回前进，要爬过层层障碍，不管天翻也好、地覆也罢，我们还是要活。"

在新型冠状病毒肺炎疫情流行期间，有位研究唐宋文学的同事说，总觉得自己的领域没用，不能发明疫苗，于事无补。可是，封城时期的焦虑恐慌，对未来的茫然，他靠着读苏轼全集，遥想苏轼生平历史，才渐能安顿身心，走过难熬的日子。不管天翻也好、地覆也罢，我们还是要活，我们要迂回前进，要爬过层层障碍。读书，包括读史读经，都应该能让人更有理想，更为坦荡，更能理解才好。

当然，我们还可以再反思：又怎么确认本身的理解就是对的呢？你怎么判断，别人懂不懂你呢？又该如何将心比心地分析，既要解释世界，又希望改变世界呢？

本文并不打算就此纠缠下去，而是要指出——上述这些困惑，绝对不是只有我们才会想，古往今来，从以前到今天，从传统到现代，从古典到当今，无数人都在思考，亲行自证，浃肌沦髓，以自己的故事来供我们参照，来让历史变得更有用。

空想，无益，读史吧！你能学到更多。

毕竟，此类质疑，又可以再回到前面引用葛兆光的说法，焦点和背景的问题、清晰的和模糊的差异。于是，认知与调整，就是不断吸收信息，然后判断，然后反省，然后自知，然后知人，变成了一种正面的诠释循环，愈来愈好。

更何况，当我们在这个或那个事情中，理解妥当，完成了一次合理的选择与应对后，并不代表下一次我们又可以继续理解，届时或许很可能错得离谱。于是，悟后又迷，迷后又悟，迷悟之间，或执迷不悟，或恍然大悟，各有大小，后果影响又有不同。

历史的迷人之处就在于此。

而历史，既可以在历史系中读，当然也可以在任何专业的视野下来看。或许，可以说，这就是人际社会中，最麻烦，也是最有趣的地方。历史，根本就是借由过去与当下的理解，建构了我们的当下，影响了未来。因为我们身处其中，理解，选择，失误，犯错，有时候自以为是，有时候又知人甚深，有时候明知故犯，有时候又无知如草木，人生有限，事情无限，世理更是无穷无尽。只是，你能自觉到自己的立场吗？能够反思自己的选择吗？还是说，你终究只能停留在好不好找工作，文科是抽象，理科是具体，历史到底是不是科学之类的肤浅问题呢？其实，历史是不是科学，这个问题可以延伸出太多反省，并不肤浅。真正肤浅的是，你的答案只有是或不是，只有鄙视跟好不好找工作，没有更进一步的"知其所以然"。

三、本书的写法

有鉴于此，本文的写作，其实是把叙事当成主线，自然不能是完全客观的描写，正如今天天气如何，问一百个人，一百个人有不同的说法。只是较于感受，百种答案中，又有一些相对客观的语句，如"整天下雨""终日晴朗”等。所以，叙述中既有明确的时间地理事物，当然也有个人的判断评论。

这些东西，主客不离不杂——毕竟我们说话，也常常表示了我们的判断，虽然我们总爱说“我说的是实话”，仿佛公正无私，大义凛然，其实自说自话，主观得要命。

如此种种，也正好就是我们人生的实相。

进一步来说，叙述寓判断，判断表叙述的做法，有点像历史小说。卢卡奇认为19世纪初期已出现所谓的历史小说，即是史考特（Sir Walter Scott）在1814年出版的《威弗莱》（Waverly）。在此之前，就宽松定义来看，或有被称为历史小说者，但小说成分多，历史成分少，缺乏对特定历史环境与背景的深入描绘。卢卡奇认为历史小说的特色，里头人物的所思所想，必须跟其人的历史背景思潮息息相关，若缺乏此重要因素，便不能称为历史小说。

换句话说，在真正的历史小说中，作者关注的历史事件要有不可或缺的背景，可是在这个时空中出现的人物，他的诗学悟觉更应该是作者要细腻处理的地方。也就是说，作者应该像历史现实里的人物一样，带领读者重新体验当时人的思考、感受与行动。

卢卡奇认为史考特的作品，便拥有这些特性，在著作中，既试图掌握历史的原貌，也能适切、如实、合情合理地述说笔下人物的思想，对当下情境作出确切描述；对历史人物的思考思维，潜藏在行为背后的人性动机、情感推移，也要尽量从历史层面来理解，提供解释。卢卡奇说道：“史考特对于历史的艺术忠诚……在各种创作原理中，延展和应用了历史。不仅扩大了主题，将历史材料吸纳进伟大的写实主义传统，而且根据历史进而对人类和事件作描绘。"简言之，如江政宽在《历史、虚构与叙事论述》所说，就是"对一个具体的历史时期作艺术上的描写"。艺术上的描写，即是在史料与史料的整合间，有所增饰。

　　不独历史小说唯然，即便是我们所熟知的史书，亦复如是。汪荣祖在《史传通说》中就指出，写《伯罗奔尼撒战争史》的修昔底里斯（Thucydides）自言，他的历史，部分非亲聆口说、亲眼所见，乃想象耳。史为过往之陈迹，史家所言，即使亲眼所见、亲耳所听，或多或少都涉入了个人意识，已具无可避免的主观性，更何况在众多史料间取舍去离，然后组织成事，结构为文？毕竟史家非记言也，乃代言也，能具史笔诗心的史家，他笔下的历史，既是持之有故、言之成理的，也是尽量合乎真实的。史蕴诗心，也往往充满许多艺术上的描写与增饰，所以钱锺书《管锥编》直言："史家追叙真人真事，每需遥体人情，悬想事势，设身局中，潜心腔内，忖之度之，以揣以摩，庶几入情入理。"此言甚确，其实汪荣祖一句话已道尽其中奥妙："作史者必有所依傍，从事'增饰'而已。"

　　本文的书写方法与研究取径，便是希望在这些启发中，既能有叙述的流畅感，也能有分析性与评论性。

　　更重要的是，本书既引证学术观点，也标示原典古文，更是不避当代的许多流行用语，举凡可用来说清楚、讲明白者，都在援用之类，套句胡适的"八不主义"之一，就是"不避俗字俗语"。

　　作者深知，理想是丰满的，现实是骨感的，目标悬鹄于此，能否正中红心，甚至可不可能射中箭靶，成效如何，仍未可知。唯有尽力而为，做个过河卒子，拼命向前。

走吧！从开禧北伐到嘉定和议，在虚弱的反攻之中，我们一起进入历史的世界。

第一章

◎

萧墙之内：那些皇帝间的事儿

一、相安无事 40 年

本节的标题，相安无事，岁月静好，看起来理所当然，不就是我们日常的生活？若然如此，有何好大书特书，大惊小怪？事实上，从宋高宗起始、召岳飞、签和议、除功臣、主和不主战以来，确实是过了40年宋金两国相安无事的日子。也正是如此，历史上的风平浪静，往往也是暗潮汹涌，值得我们史家大说特说，惊奇不已。

平静？汹涌？什么意思？

且听我们娓娓道来。

绍兴十二年（1142），南宋与金国签订了和约，史称《绍兴和议》。南宋向金国称臣，约定以淮水为界。事情的前因后果，在于金熙宗对南宋主动示好，将死去的宋徽宗，追封为天水郡王，还把在押的宋钦宗，封为天水郡公。又以赵姓天水族望之郡，作为封号。

此种极具政治意义的宣传作用，摆明就是做给南宋朝野看的，给你台阶下，不要不知好歹，不自重；另一方面，战况也确实不利，因为在岳家军未参战的情况下，在淮西柘皋之战，金国被张俊部下杨沂中和刘锜二人联手，吃了败绩。后来张俊与刘锜互斗（又是倾轧），张俊为了抢功刻意调走刘锜，金国也因此在濠州打了胜仗。

好景不长，战况对金国未必有利。此时韩世忠军和岳家军陆续赶到，增援已至，胜负未卜，两军对照，士气一张一弛；与此同时，金熙宗完颜亶等主政集团，面对国内"战争与和平"的情势舆论，各有支持，已难控制，左思右量，抉择之下，命令完颜宗弼撤军北返。

南宋朝廷见此，本应该兵贵神速乘机追击，不过此时国内主战者和主和者早就吵得不可开交，你指责我好大喜功，我批评你昧于局势。双方都说自己是爱国的，对方却都是卖国的。

结果，主和派脱颖而出，得到支持，南宋朝廷为了彻底求和，宋高宗先是解除了岳飞、韩世忠、刘锜、杨沂中等人的兵权，为求和做好万全准备。对内，既是自保，以防将领不轨，坐拥兵权，乘势而骄；对外，同样也是一种政治宣示：你做了你的宣传工作，我懂了且有了默契，表现给你看。要将此情报北传过去，我们别打了，握手言和，拍拍肩膀，暂时当朋友吧！

后发先至，南宋有了动作，魏良臣北上，千里迢迢，专程赴金，提出议和，当然也包括了相关条件。金国收到信息，隔月，也派出萧毅、邢具瞻为审议使，礼尚往来，随魏良臣一起南下。两国针对和议，磋商讨论，对彼此的条件与各种请求，谈判拉扯。谈罢，南宋除了称臣赔款，另外，又将前几年被岳飞成功收复的唐州、邓州以及商州、大半个秦州等，作为代价，重新归还给金国。宋金双方都同意了条件，签订了《绍兴和议》。

宋金两国，互不侵犯，东以淮河，西以大散关为界。

从《绍兴和议》到1161年金海陵王完颜亮撕毁和议，执意南侵，最后在采石之战中，因金军发生内乱、完颜亮被部下所杀，灰头土脸败下阵来。其后40年，南北无战事，两国使节有来有往，呈现可贵的和平景象。当然，多年之间，并不是说没有倾轧，只是在持续内斗的政局下，安稳得来不易，两国相安无事多年，就人民而言，则是最安稳最幸福的时刻了。

可是，有人的地方就有江湖，倾轧还是得继续，我唱罢你上台，你上来我走人。表面风平浪静，内里仍旧波涛汹涌，南宋政权就像汪洋中的一条船，领导人们、执政集团，会把国家带到哪里、驶向何方，或许连他们自己都不知道。

这就得说到宋高宗、孝宗、光宗，祖孙三代的爱恨情仇了，中间还穿插了皇后与媳妇、官僚与知识分子间的相对剥夺感，产生了年度大戏"宫心计"。众家表现，杰出的演技，精彩的剧情，巾帼固然不让须眉，知识分子的卖力，也是可圈可点，不遑多让。在"正义"与"朋党"之间，在"小人"与"君子"之中，在"父亲"与"儿子"之际，彼此都有严重的相对剥夺感，都觉得对方对不起自己、有负国家百姓，他们都是坏人，我们才是好人。于是众人合作，上下其手，携手演出一幕幕的历史大河剧。

二、第二个 40 年

还记得一个故事告诉我们：为什么我们总是羡慕别人？为什么明明已拥有许多，还是不满足，想要更多？想要永远保留？既得之，又怕失之？

一般平民百姓贩夫走卒，先天不良后天失调，也就罢了，我们可以理解他们为何会有这样的心态。

可是，竟连皇帝、权贵集团都不能免，又是为什么呢？他们明明已经享尽荣华，累积了大量的政治资本与财富资本，为何还不满足？

"为了吃饭"，只是象征，用广义的话来讲，就是富贵名利与权势地位。人之所好，本就不分性别、职业、阶级，并不是因为你穷，所以想发财就是正义的。人情之常，耻贫贱而乐富贵。李斯看到仓库里的老鼠，说："人之贤不肖譬如鼠矣，在所自处耳！"后又讲了一句千古名言："诟莫大于卑贱，而悲莫甚于穷困。"于是他选择西进秦国，非如时下的价值观，找了事少钱多离家近的工作。

同样都是老鼠的启示，《伊索寓言》与李斯的故事截然相反。不能说孰优孰劣。想发财，天经地义，谁都没错。在古今任何时代，对于"富贵名利与权势"的追求，其实都是一种正向的人生目标，极具正能量。我们更总是公开地、毫不掩饰地，宣示毕生追求的志愿："发财"，或是套句现代社会爱用的表情包文字："暴富"，都是人类社会共同的追求。李斯并不孤单，其实就以汉代来说，汉印几乎随处可见的"富贵""长生大富""至富""长富""常富贵""日贵""日就富贵"等文字，便可反映一二；又或者，我们至今家家户户贴的春联"招财进宝""恭喜发财""财源广进""和气生财"，等等，不也是反映了此类永恒的希冀吗？更进一步来说，也不是因为你够有钱，所以想要更富更贵就是邪恶的，没有绝对的客观标准。多少皇帝坐拥江山美女，良臣将相。他还想要更多，要长生不老，要更多的土地资本，要安内攘外，要北伐南征，要东讨西攻，有了还要，还要就有，就是明证。

诸如此类的追求，是人类进步的动力，酝酿催生了多少有耻且格的人物、多少有质量韵味深远的思想。孔子说富贵名利，都是每个人梦寐以求的，如果得到的方式行为不正当、不合理，还不如不要；反过来说，没有人愿意长期处在贫贱低端，可是，如果不是用正当合理的行为摆脱，还不如别做。真正的君子，一定从头到尾都记得这个"仁"字，不管是哪种时候、哪个境况，一路走来，始终如一。

孟子也说食色，性也，喜欢钱，喜欢权，想要快乐，当然没错，但人君如果可以多为百姓着想，独乐乐不如众乐乐，与百姓同富，为民父母，实在是重要之极！孔孟之言，每有人讥讽迂阔，倒是千百年后的我们，哲人日已远，典型在夙昔，实在值得细细品味、思考琢磨。

回到正题，这种追求，也是宋高宗赵构、宋孝宗赵昚、宋光宗赵惇（名义上的"祖孙三代"）最在乎、最在意的东西，构成了他们对政治的看法、他们的为人处事以及他们处心积虑的各种部署。

人伦之际，常常也被权位欲望，刺破戳穿，伤透了许多当事者的心。

宋高宗赵构与宋孝宗赵昚，虽非真正具有血缘的父子（是养父与养子的关系），宋孝宗却把高宗当成亲生父亲，把吴太后当成亲生母亲。《宋史》对他的评价是：宋高宗以公天下心态选择继承者，选择考虑的是宋太祖的后代，而非以自己直系血亲为考虑，因此有了宋孝宗入继的机会。宋孝宗本身也颇具雄心壮志，想有一番作为。

宋孝宗初登位，立志北伐，希望能恢复大宋旧有荣光。可惜符离之战，以失败告终。此后不轻言用兵，而北方金国正得明主，国泰民安，宋孝宗既无北伐机会，只好拖延待变，送表称书，改臣称侄，减去岁币，以定邻好，金宋两国有了一段不算短的和平期。可是，蜜月期往往短暂，金世宗总是对臣下说，与宋朝的和平，势不可久，要时时备战，以防万一，也是看准了宋孝宗的真正心态。另一方面，纵观中国历史，皇帝起自外藩，入继大统，而能尽宫廷之孝，宋孝宗算是其中代表。他与宋高宗虽不是血缘上的父子，但亲密无间，互相尊重，二人之合，在中国历史上，很少有人及得上。因此，《宋史》其实对宋孝宗是颇为肯定的，特别是针对这个"孝"字。毕竟宋孝宗对外先战后守，因时应变，又懂得国际情势，知道总有开战的一天，于是早做准备，以防不测；宋孝宗从外入内，一朝而登九五，入继大统，难免有些名不正言不顺，他却爱屋及乌，侍奉养父母，无微不至，关心爱护，宋孝宗之为"孝"，就像宋仁宗之为"仁"，说文解字，其来有至，名副其实，不愧此谥。

偏偏就是大孝子宋孝宗，与自己亲生儿子宋光宗的关系极差。自己的儿媳妇，又尖酸刻薄，性格凶悍，骄横蛮干，还常常离间自己丈夫与公公的关系。父亲对待养父，至亲至重，亲生儿子对待生父，不孝至此，真是莫大的讽刺！

不只如此，宋高宗的行为还影响了宋孝宗，宋孝宗固然有自己的主见，只是前头的"典型"影响了他的施政，情况到底如何，我们马上会谈到。

宋孝宗与宋光宗这对亲生父子，又互相影响，他们偏偏又是皇帝与未来皇帝，所作所为、所思所想，就像蝴蝶效应一样，引起了许多直接的、间接的、当下的、未来的关联发展。牵动政治事件、人事布局、国家走向，例如赵韩之争、庆元党禁、朝野纷扰等，都与本书的主题"开禧北伐"息息相关，环环互扣。

可是，儿子不孝，就是儿子的问题吗？儿子孝顺，老子就一定是对的？

说穿了，还是得从前面说到的"追求"谈起。

三、宋高宗与宋孝宗

我们先来讲宋高宗、孝宗这对养父子，有点像，却又有点不像。

首先，宋高宗 1162 年退位当太上皇，直到 1187 年淳熙十四年去世，总共当了 25 年的太上皇；宋孝宗 1189 年退位当太上皇，直到 1194 年绍熙五年去世，总共当了 5 年的太上皇。

宋高宗是宋徽宗第九个儿子。靖康元年（1126），金兵围困汴京，危急之际，存亡之秋，宋朝想和谈，金国说可以，不过你们得先派个人质，以表诚信，让我们心中有个底，也是外交的惯例。于是赵构就以亲王身份，在金营中当人质，后来有人怀疑他是假的，冒充皇家亲戚，传闻谣言不止，于是他遭到撤换，准备回国。偏偏在返程途中，金兵再次南侵，金国经过查证之后，发现赵构是真正的亲王，而非滥竽充数。于是金国要求宋朝重新安排，要赵构回来，再当人质，两国继续和谈。可是赵构的政治敏锐度非同寻常，他察觉时局似有转化，应该坐等时机，以拖待变，不宜贸然听命。

赵构听从建议，在河北磁州留下，暂时观望，既不往前，也不返国。后来的事情，大家都知道了，宋徽宗、宋钦宗二帝被金军掳掠北去，赵构在南京应天府登基为帝，改元"建炎"。宋高宗在南方，遥尊被掳到金国的母亲韦氏为宣和皇后。宋高宗不放弃接母亲回国的机会与希望，陆续派遣使者到金国求和，通过外交谈判，想要迎母亲回南宋。终于，《绍兴和议》签订之后，《宋史》记载皇太后与宋徽宗的灵柩可以回归本朝，魂归故国，金国还特地派遣完颜宗贤护送梓宫，高居安护送皇太后，以表尊重。

几年后，苗、刘兵变，宋高宗被迫禅让皇位。几个月后，宋高宗复辟成功，重登皇位，其间跟金兵停停打打，且战且和。绍兴八年（1138），定都于临安（就是今天的浙江杭州）。

宋、金签订了《绍兴和议》，宋高宗找机会处死了岳飞，并杀害其子岳云、部将张宪于临安。

此外，宋高宗即位后，为巩固自己统治的正当性，也做了许多动作。

首先，对内对外都宣传宋徽宗以衣领诏，授意康王赵构继位。故事大概是说，宋徽宗的亲信曹勋，与两位皇帝宋徽宗、宋钦宗都落入金人之手，不过曹勋逃亡成功，上演"肖申克的救赎"，回到故国，向高宗传递"可便即真，来救父母"的衣领诏。另外，又传递太祖誓约等五条。故事显然不是那样真实，因为高宗的即位，显然都出乎自己意料，更别说宋徽宗、宋钦宗两位皇帝了。不过真假不重要，用意在于证明宋高宗的合法性。合法性制造了真实，将客观事实合理化，才是关键。

另外，民间也流传"泥马渡康王"的传闻。大概是说，康王赵构本来在金国担任人质。北上行程中，宋高宗见机逃跑，当他到磁州的时候，因为夜晚昏黑，不良于行，他在附近找到一间寺庙，打算过夜。睡梦之中，有人托梦，要他赶紧起床，尽速逃离，因为追兵将至。宋高宗惊醒，正不知该作何打算时，忽见庙旁有一匹马，二话不说，当机立断，马蹄扬尘，一路狂奔南下。逃亡间，宋高宗渡过了黄河，危机已减，人身安全之时，这匹马却变回了原样，任务完成，功成身退：原来竟是泥塑做成的马。

除此之外，又有《北狩见闻录》《中兴瑞应图》，以及萧照绘制的十二幅图卷等，都是以各种祥瑞征兆、不寻常的信息，说明宋高宗登位称帝，是上符天命，是预言成真，是意料之中，是理所当然的。

这样一个人，此等经历，堪称传奇，其间各种辛酸甘苦，如人饮水，冷暖自知。而见过大风大浪、失而复得、生离死别的宋高宗，在年华将去，政治生命总有走近尾声之时，又如何处理朝廷的各种事情——特别是接班人的问题呢？

宋高宗的决定，也就是我们后来所知道的那样：选择了宋孝宗赵昚。一个深算远虑，深知各种政治眉角、各种手段玩法、或高或低的潜规则游戏套路，老于世故的宋高宗，对政治官场，已经看得很透彻了。每次提到宋高宗，我总是想起电影《寒战》中由梁家辉饰演的香港警务副处长李文彬说的话："我服务了香港警队 30 年，认识不少人，也得罪不少人。每一个机构，每一个部门，每一个岗位都有自己的游戏规则。不管是明是暗，第一步学会它，不过好多人还没有走到这一步就已经死了，知道为什么吗？自以为是。第二步，就是在这个游戏里面把线头找出来，学会如何不去犯规，懂得如何在线球里面玩，这样才能勉强保持性命。"

认识不少人，也得罪不少人，不去犯规，学会游戏规则，把线头找出来，宋高宗的经历与阅历告诉我们，他对政治游戏已经太熟了，如果用杜牧的话来说，就是："丸之走盘，横斜圆直，计于临时，不可尽知。其必可知者，是知丸之不能出于盘也。"该怎么玩、玩到哪里，不越界，偶尔试探边缘，他清楚得很。

既然如此，宋高宗为何选择了宋孝宗？又或者，我们以结果论来看，他的决定对不对、合不合理呢？宋孝宗又如何因应规则？他是破了还是守了？丸之走盘、找出线头，他到底怎么做到的？

宋孝宗赵昚，生于宋高宗建炎元年（1127）。他的父亲是皇族赵氏远支赵子偁。

宋高宗的亲生儿子，也就是元懿太子，早已夭折，至此之后，宋高宗就再也没有子嗣，后继无人。

鉴于对手金国皇位继承的问题，导致宫中内讧而自相残杀，触目惊心。宋高宗心知肚明，接棒人选，要尽早决定，绝对不可以拖到死后，以防搞得天下大乱。

另一方面，也有传闻说宋高宗受宋太祖或是孟太后托梦，选定宋孝宗。

不管如何，宋高宗没有选择宋钦宗的后代，或是相关后裔继承皇位。他要找的是宋太祖一系的继承人。

宋高宗先是在宗室里，选了太祖一系的赵伯琮以及赵伯浩，养于宫中，安排在身边，培养观察，赵伯琮后来又赐名赵瑗。宋高宗本来还有另一名养子赵璩，曾经也是可能的人选，可谓人人都有机会。

赵瑗，就是后来的孝宗，他与赵璩官属礼制相同，分为东、西府。因为迟迟未定太子，未来皇位谁属，尚未可知。所以当时颇有传闻，绘声绘色，对于继承一事，两人都是忐忑不安，既期待又怕受伤害。

事实上，宋孝宗对于高宗，也因为这种缘故，一直战战兢兢，生怕有所闪失，失欢于宋高宗。也表现在后来宋高宗禅让，宋孝宗一而再、再而三地推拒辞让，不完全是做做样子的官场文化，或许也是发自内心的犹豫、戒惧和恐慌。

要知道，宋孝宗自幼入养禁中，36 岁左右受禅登位。在此期间，并非一帆风顺，先是张（婕妤）、吴（才子）二氏争养，宋孝宗夹在其中，左右为难；再来是吴皇后长期为他的养子（也刚好是宋孝宗的竞争对手）赵璩争夺皇位与政治权力。双方明争暗斗，此起彼伏，难分难解，持续十余年。

先与赵伯浩争，后来又有赵璩，上有宋高宗与太后，旁又有名为兄弟、实为对手的赵氏诸人，更不必说围绕周边的各种太子党、准太子党、准准太子党、候补太子党，磨刀霍霍向太子，随时准备上位。

或许也正是这些养成了宋孝宗沉稳的性格，可是所谓的沉稳，常常代表着压抑，在很多难以察觉的深处，宋孝宗反而有着许多理想性，或许也可以说是天真的一面。这种单纯的一厢情愿，也表现在他后来的许多政治安排与规划中。

朝不保夕的心理因素，导致宋孝宗年纪轻轻，就没有太多安全感，导致他当了皇帝，当家做主之后，有时过于专断独行，喜欢别人奉承的好话，不爱听谏言。

值得一提的，虽难知真假，若是根据当时的情报显示，金朝打算拥立钦宗太子赵谌为帝，在北方成立政权。金国想借由操纵傀儡皇帝的方式，来挑战南宋正统，显然都是对宋高宗所谓"正统性""合法性"的挑衅。岳飞听说了消息，力劝高宗早立太子，宣示天下，目的是回击金朝的政治手法。

也因为这个关系，宋孝宗在未继位前与岳飞见过面，交谈之下，岳飞赞叹赵瑗的政治才能与远见，称他是未来兴复宋室之主。岳飞甚至还越位进言，密奏宋高宗，希望早早确定赵瑗太子之位，宋高宗的回复是：你的建议，可以看出你确实忠于国家，只是你握重兵于外，此时的发言，显然不当，似乎有很多意在言外的政治动作。

《建炎以来系年要录》描述此时气氛，绘声绘影，让人读来，屏气凝神，心惊胆战，颇有小说笔法："（岳）飞密奏：请正建国公皇子（赵瑗）之位。人无知者。及时，风动纸摇，（岳）飞声战不能句。""建国公皇子"就是赵瑗，岳飞越级上报，不想让别人知道，给人别有所图的感觉。此时此刻，全场无声，岳飞屏气凝神，宋高宗却迟迟不回答，气氛尴尬紧张至极，而风动纸摇，更让岳飞极度不安，就连讲话都结结巴巴，声音颤抖、语不成句了。

当然，不只岳飞，就连赵鼎、张浚等人，其实都相当支持宋孝宗。终于，绍兴三十年（1160）二月，赵瑗被立为皇子，并再次改名，这次叫赵玮，晋封建王。另一个养子赵璩则称"皇侄"，一为皇子一为皇侄，太子皇侄之间，两人名分终定，戏唱完了，没得争了。

绍兴三十二年（1162）五月，赵玮（赵瑗）被立为皇太子，改名赵昚，也是他最后一次改名。同年六月，再过几年将届花甲的高宗，决定禅位，孝宗登基，年号改为隆兴。

宋孝宗继位后，真是风风光光，初尝权力，他想要北伐，要把宋代曾有的光辉找回；他要收复河山，在所谓的"北蛮子"（当然只是宋代官方自己认定的）的地盘下，解放北方的汉族同胞。他在宋高宗似乎默许的情况下，先将岳飞平反，追封为鄂国公。更进一步地肃清秦桧余党，并且磨刀霍霍，蓄势待发，命令当时已经60多岁的老将张浚北伐。

对于出军，宋孝宗可谓自信满满。一来，自己登基，名正言顺，风头正盛，养父看来也没有太多意见；二来，前一年金国撕毁协议，结果采石之战败军北返。此次出兵，天时地利人和，应有佳绩才是。结果，还是打输了，宋军将帅失和，在符离这个地方，遭遇金军突袭，措手不及，战况大败。

探讨失利的原因，主要是张浚部署的两位将军，本来计划是攻取灵璧、虹县二县及宿州等地，却发生李显忠与邵宏渊两人不和，互看不顺眼，甚至瞧不起对方。二人意见，或战或守，争执不停，吵吵闹闹，结果给敌方以可乘之机。

金军乘胜追击，宋金陆续交战，胜负各半。只要或输或赢，每次信息传来，宋孝宗都如坐针毡，焦急不已，他才明白，原来这就是战争，战争不是统计数字，而是赤裸裸的伤亡，牵一发而动全身，是会危及自身与政权安全的。战争不是游戏，打输了可以重新再玩！

不管如何，宋孝宗是不想打下去了。

也因宋孝宗有了体悟、吸收了教训，自此之后，宋孝宗对所谓的恢复之志、北伐之举，每当有舆论传闻支持，他都不置可否，不再满怀信心，偶有念头热血，也不敢贸然实行，不顾后果。这就导致他后来的外交与军事政策，或和或战，且战且和，态度摇摆不定。

其实，符离之战半年后，也就是隆兴元年（1163）十一月左右，正在彼此拖拉之际，当时的宰臣陈康伯、汤思退、周葵与洪遵四人，就联名奏请集议，希望在朝讨论，集思广益，究竟该战该和。说是战和，其实重点是两国到底该不该和议，更精确地说，是宋朝该不该主动求和。讨论之深入具体，甚至到了礼数尊卑先后的外交问题。

集议结束后，宋孝宗下定决心，准备和议。探子回报，北方讯息传来，金军突然南下，准备侵宋，两国情势再次趋于紧张。南下的是取代了"海陵王完颜亮的金世宗"，大军号称百万，来势汹汹，渡淮河，逼长江，军容壮盛，耀武扬威。

隆兴二年（1164）年底，孝宗下诏视师，再拜陈康伯为左仆射，表面上彼此准备硬刚，却在许多暗地的政治操作之后，金人退兵。孝宗此时已无再战的冲动，热血理想早被现实浇灭，加上宋高宗有了意见，宋孝宗不愿违背其意愿，终于点头，签订和议，史称"隆兴和议"，后来孝宗嫌"隆兴"不吉利，来年改元"乾道"。

"隆兴和议"，又称"乾道和议"或"大定和议"。和议签订所达成的共识：首先，诸如金宋为叔侄之国。当然，前者为叔、宋为侄，宋虽不再向金称臣，可是泱泱大国，本来平起平坐，自称晚辈，视对方为长辈，在面子上里子上仍旧不好看；其次，宋朝每年仍要岁贡，晚辈供养长辈，只是不叫岁贡，改叫"岁币"，金额虽比以前少了些，不过银20万两、绢20万匹，仍旧是沉重的负担。羊毛出在羊身上，国库里该怎么找出这笔钱？自然是从老百姓的税收中下手。最后，南宋交还先前攻占的海州、泗州、邓州、秦州、商州等地，两国的疆界，恢复战争前的状态，也就是绍兴和议时的情况。类似的情节，再度上演：隆兴和议，使宋金两国换来其后40年的和平。

啊！又是40年，40年间，从高宗到孝宗，再从孝宗到光宗，同样是皇帝与太子，同样是太上皇与皇帝，几番人事，政局又是多少变幻莫测、风云诡谲？

四、孝宗晚年的部署

大体来说，乾道年间，没有战事的干扰，加上宋高宗当上太上皇之后，似乎对政治真的倦了，除对主和一事之外，平时较少干政。宋孝宗虽然一开始北伐不利，但由外而内，在内政的表现上，倒也不俗，为民父母，治国有方，南宋竟然呈现小康局势，史称干淳之治（干道，淳熙），也使后来所谓的晚年恢复部署，有了经济上的支持。

高宗时期，贪污腐败贿赂风气始终不止。孝宗上台后，严办了几个人，追封岳飞，追贬秦桧，并对秦桧余党穷追不舍。但是，有些人下台了，往往会有另批人上台，宋孝宗其实另有一批宠臣，名列《宋史》的《佞幸传》，例如曾觌、龙大渊、张说，这些人跟宦官梁珂等人，史书说他们"相与盘结"，"士大夫无耻者争附之"。

值得注意的是，也因为高宗、孝宗期间，主战主和的心态未定，身处两朝的执政大臣，对两位皇帝的外交行为与政策讳莫如深，心中有再多想法，都难以形诸文字。不只生前如此，就连死后的碑铭行状，都刻意避免和战矛盾的议题，摆明是对当时的政治忌讳有所顾虑。这除了与秦桧当政，对于政见异议的压制之外，还与两位皇帝的意志与权威有很大的关系。

例如，《三朝北盟会编》写到，就在秦桧死后六年，据说有位进士叫何廷英，秦桧生前他不敢讲，如今墓木具拱，荒烟漫草，现在终于勇敢站出来，说出曾经的感受："自从秦桧掌权以来，误人多年，祸国殃民，同党奸臣相继专党擅权，无所不至，钳制天下之口，封闭天下之舌，一些比较正直敢言的人，看不过去，或上书或谏言，纷纷惹祸上身，或被贬至天涯海角，或是坐穿牢底。在朝当官的，被诬赖成造谣，前途无望；在学读书者，被视为谤讪，仕途无望。导致天下忠臣义士，敢怒不敢言，抚膺扼腕，相视切齿，只好眼不见为净，漂泊江湖，佯狂于世，更有甚者，满肚皮不服气，胸中不平不满，愤愤而死。"秦桧当政时，说真话的（芝庆按：进士所谓的真话，其实就是与秦桧政策不符合的话），或流放到偏远直至老死；又或是关进监狱坐穿牢底。这个不能说，那个不能讲，既然不能以真话示人，许多人只好装疯卖傻，郁郁而终。

除此之外，凡参与过和战，处在前任皇帝（太上皇宋高宗）与现任皇帝（宋孝宗）之间，不仅生前写文章出书，文字取舍间颇为敏感，就连死后传记的书写，也不容易，套句现代网络用语："真的是太难了。"例如林光朝为叶颙写的行状，内容简略，对相关史事更是保留许多。朱熹为好友刘珙写的墓志与行状，同样也是语焉不详，欲说还休，甚至不署自己的名，还以刘坪具名，刘坪是刘珙的从弟。

不只如此，对于宋孝宗亲近的人，一般朝臣在写这些人时，多有担忧忌怕。例如乾道五年（1169），宋孝宗召回曾觌，魏琰上书抗议，认为宋孝宗此举不妥，败坏官风。宋孝宗极为不满，芥蒂甚深，导致许多人受到牵连。魏琰死后的墓志铭与行状，不论是张栻还是朱熹的手笔，大多不详提此事，多以数语匆匆带过，可见当时文字狱等禁忌之深。

朝野纷扰，所造成的效应，连绵而生，到宋光宗、宋宁宗、宋理宗，到开禧北伐、嘉定和议，仍可见到。不只是表面上看到的状况，敢不敢写、简不简略，而更深层的是相对剥离感的心境，愈来愈强。因为自以为弱势的群体，愈来愈不满，愈看对方愈不顺眼，于是自居君子，位居上流，面对政策不同者，一方说他们是下流、伪学，是表里不一；另一方被骂了，被攻击了，也不甘示弱，回击对手是佞幸、是奸诈小人，于是谁善谁恶、谁邪谁正的倾轧，朋党之争，从此不休。

研究这段历史的学者，如知名学者余英时，便提出一种观点，他把此时的情况，分成"道学型士大夫"集团和"官僚型士大夫"集团。前者如周必大、张栻、朱熹等人，后者如王淮、陈贾、林栗等人。

两个集团的人，彼此间是不是真有"共同体"的明确体认，以及各自集团间是不是真的合作无间，还不一定。例如朱熹、陆象山，理所当然是"道学型士大夫"，但他们的思想差异颇多，所谓的"朱陆异同"，更是学界多年来持续探讨的问题；

朱熹与赵如愚也同属"道学型士大夫"，二人却为宋孝宗祔庙问题面红耳赤，吵得不可开交，朱熹一度认为，自己后来被逐出朝廷的原因，便起源于此。

可是就分类来说，其实差异都不是关键。重点在于，主角宋孝宗到底怎么看？两个集团，是否在他心中存在？晚年的部署，是因对儿子抱有某种希望，才选择了某个集团？还是说他另有打算？是否让他想起了当年，想起了他的养父宋高宗?

更何况,宋孝宗即便登位为皇,却因自己出身的缘故,始终心有顾虑,柳立言先生在《南宋政治初探——高宗阴影下的孝宗》中曾说,宋孝宗长期处在宋高宗的阴影下,患得患失,束手束脚,而且喜欢接触亲信与近侍,家事与国事混合不分,这也是南宋以来的政治特征:双重皇权。

双重皇权,既是宋高宗与宋孝宗,也是宋孝宗与宋光宗。

我们把视野拉回到当时的政治现场。首先,两个集团的分歧,也是宋孝宗最在乎的分界点,就是道学集团要求以"共治者"身份,参与秩序重建的自觉。这种重建,除了传统的化民成俗、得君行道之外,最重要的一点就是北伐。

是的,恢复之志,还我山河,这个想法在宋孝宗登基之初,热血燃烧。20多年过去了,白云苍狗,世事沧桑,小孩子都已成人,红颜青春已逝,鬓角间终也生出了些许白发。多年以来,宋孝宗心里虽有许多念头,要付诸实施,却需要机缘,需要决心。

淳熙十四年(1187)左右,宋孝宗对于"恢复中原"的意愿又死灰复燃,可能是自己年纪大了,政治生涯终有结束的一天,为己为国,他都必须替未来打算;再者,也是北方金国,自从十多年前的政变之后,休养生息,似也蠢蠢欲动,南北两国,和平已久,然对峙情况未变,和平不足恃,武力才是硬道理,双方必有一战。

和谈,终究只是暂时的,顾虑当年养父宋高宗的想法,白发苍苍的老人,时日无多,所以才有了"隆兴和议",此举确实也带来了多年的和平。可是,未来呢?当世间已无宋孝宗,谁能带领国家前进?

也就是该年，宋金两国的外交状况，有些微妙。如果就周必大《思陵录》的记录来看，会发现许多有趣的现象。首先，《思陵录》是"道学型士大夫"集团成员：南宋宰相周必大，在淳熙十四年（1187）八月至十五年（1188）二月撰写，其内容是关于政治官场其所见所闻的日记，既包括太上皇高宗病危濒死、驾崩，也包括在丧礼下葬期间，宋孝宗以及诸多大臣的言行，等等。

其中，淳熙十四年（1187）十月发生的宋金外交活动，颇值得注意，也反映了当时宋孝宗的心理状况。根据许浩然《从周必大〈思陵录〉看淳熙十四年宋金外交之隐秘》的推断与论证，当时正是宋高宗新丧，宋孝宗处理此事，他就想以这个理由，取消金朝使节的接见，借此宣示宋金外交的某种契机，换取两国更为平等的外交地位。

本来，最早宋孝宗是决定接见金使的，按照先例，也就是所谓的"明道"故事：北宋章献明肃皇太后驾崩，契丹使臣到达，宋仁宗在服丧期间，同样也接见了他们。所以在事件初期，大臣们建议宋孝宗参照"明道"故事，同样在守丧期间，接见金使。

孝宗最初是同意的，之后宣谕，决定分别于二十一日、二十八日几天，接受金使朝见。可是当金使入住临安馆驿之后，事情开始有了变化，刘庆祖、霍汝弼递交王舜臣的申状，里头说与金国使团引接虞用康，彼此互通有无，有管道可以处理事情，什么事情呢？就是了解到宋孝宗处于丧难期间，可以不接见金史。只要有正式的文书，跟一些人事上的花费代价（其实就是需要贿赂），就可以解决问题，完成宋孝宗的心愿。

宋孝宗收到讯息，立即答应。周必大等人不同意，担心此事若处理不当，被刻意放大，宋金两国的和平恐会有变化。所以对宋孝宗的两道谕旨都没有接受，更在一次面议中，臣下劝谏，仍要求宋孝宗接见金使。宋孝宗执拗不听，甚至绕过宰执、任用内侍，派出京镗为宾佐来处理交涉此事，内容显然都是保密的。

最后，许多暗中角力，宋孝宗的安排，虞用康得到贿金，京镗的参与也有了响应，似已尘埃落定。当金使打算回国，馆伴使发来上奏，说明日期。宋孝宗立刻批准，并将奏报交给宰执审核，事已至此，王淮、周必大等人，实在难以反驳。遣返金使事宜，也不再更改。宋孝宗在这次外交事件中，得取所望。

不过，宋金两国外交，毕竟不是小孩子办家家酒，宋孝宗的态度，常常也是因时制宜，颇有变化。淳熙十四年（1187）年底，金朝按照惯例，依旧派来贺正旦使，当时许多人认为应该仿照前例，同样取消接见，宋孝宗显然有更多考虑，不采纳建议，所以接见了金使。

其实，见与不见之间，宋孝宗有许多困难，理想上他想要北伐，理性上他知道急不得。于是，他更把未来的希望，托付在儿子手上，因此才有了晚年的部署计划。

首先，宋孝宗停止了王淮执行多年的"安静"政策。所谓的"安静"，就是前述"官僚型士大夫"集团的特点，他们更倾向于保持现状，不妄动、不开战、不挑衅、不搞事。当然，安静与恢复，主和与主战，两个集团的冲突，在淳熙十年（1183）已见端倪，"官僚型士大夫"集团的陈贾"请禁伪学"。此举，是由时任监察御史的王淮所安排策划，针对的当然是"道学型士大夫"朱熹，不过打击面却上升到"伪学"层面，并以朋党来定义道学集团，企图一网打尽。

王淮被罢相后，"官僚型士大夫"虽然势力渐弱，但百足之虫，死而不僵，仍然握有许多机会与权力。之后的宋光宗、宋宁宗时期，"官僚型士大夫"则找到许多合作的机会，他们看重的是皇权身边的宠臣佞幸，例如姜特立，又或是宋宁宗时期的韩侂胄，他也是未来几章的男主角之一。

镜头再回到宋孝宗身上，在寻求"安静"的时期，宋孝宗当然更需要依赖保守取向的"官僚型士大夫"，彼此各取所需，是较为稳妥的政策。不过就在宋孝宗"恢复"之心渐起，结合舆论，他便转而需要其他支持者时，他想到了这批人："道学型士大夫"。

乾道六年（1170），宋孝宗曾为了"恢复"，召张栻入都，以备咨询，探探水温；淳熙七年（1180），宋孝宗又谋"恢复"，则是让周必大传讯给朱熹，"有假借纳用之意"。从几个例子来看，每当宋孝宗有"恢复"的念头，他首先想到的，往往是在这个政策上，都支持北伐的道学家们。

关于晚年部署的进程，历来学界相关研究甚少，即便谈到，也都语焉不详，草草带过。所以知名史学家余英时，就说这是"遗失的环节"。遗失，并非不存在，而是被忽略了，找不着了，历史学家的任务，就是把细节找出来，对应相关史事，追寻过去。

而宋孝宗的晚年做法，明显偏向于"道学型士大夫"集团。

不过，其晚年部署，可不是偶尔念头闪现，而是他坚定信心，要向北伐的目标走去。葛兆光"置思想于政治史背景之中——再读余英时先生的《朱熹的历史世界》"一文中，对这段历史的叙述颇为详尽。首先，王淮与朱熹不对盘，更因为朱熹弹劾唐仲友事件，王淮偏袒后者，已可见双方立场分明。之后王淮为左相，梁克家为右相，两年后周必大也升官了，为枢密使，几年后又为右相。淳熙十五年（1188）太上皇宋高宗薨，宋孝宗已经60多岁了，再无顾虑，他决定罢免王淮，任用了三个"道学型士大夫"，分别是周必大、留正、赵汝愚。按照我们前面的分析，孝宗的计划就很明显了，目的就是为了为将来的北伐做准备，此番战略性部署，既是为了现在，也是要一步步走向未来的蓝图。

宋孝宗在位已久，因为诸多不便，安排还不够妥当。初登位时北伐的失败，仍历历在目，或许还心有余悸。他决定通过晚年部署，来替将来继位的儿子做好战争的事前准备，让他在人事上无忧，经济上也有所保障。自己当太上皇，儿子当皇帝，父子联手，齐心北伐。

万事俱备，只欠东风。但是人算不如天算，东风不来，反而引起了台风，徒呼负负。

无可奈何，又能如何？

政治风云，诡谲变化，难以预测，其实不是政治麻烦，是里头的"人"太复杂。你争我夺，机关算尽，心计难停。

宋孝宗的举动，明眼人看在眼里，无眼人不明就里，睁一只眼闭一只眼者，等着看好戏。毕竟不管在哪里，都会引起政坛动荡，也激发了"道学型士大夫"和"官僚型士大夫"的嫌隙。之前的矛盾未见解决，今日的冲突更渐扩大，我们往往就在爱欲之中，拉帮结派，称兄道弟。党争激烈，倾轧继续，"相对剥夺感"益发加深，让彼此不满更深，隔阂更严重。

我们所熟悉的重要理学家朱熹，也就是在这个关键时刻，接受了兵部郎官的官职，这是他人生中第一次入朝，朱熹当然想把握机会，得君行道，把自己的理想与观点践行于实践，治国平天下。他上疏并详细阐述了许多建议，提出宋朝的"急务"，是辅助太子、选任大臣、振举纲维、改变风俗、爱养民力、修明政事，等等，当然还有北伐恢复的准备。

宋孝宗在逐渐做好政治布局后，于1189年退位，当了太上皇。他本意是借此与儿子共治，自己退而不休，儿子也就此上位，边做边学，父子合作无间，天天向上。不料宋光宗即位后，身体、心理问题层出不穷，状况频仍，竟然还有精神失常的症状，偏偏还有自己的媳妇——李皇后在旁作梗，离间他们父子关系。更重要的是，宋光宗的一些行为，引起"道学型士大夫"的不满，他们规劝上书，激起了宋光宗与李皇后的反击，于是给了政敌口实，另一场政争又蓄势待发。朋党愈演愈烈，参战人数也愈来愈多，也为日后的"庆元党禁"埋下伏笔。

关于党争，其实颇有可说。前已言之，"道学型士大夫"和"官僚型士大夫"的区别，是相较而言，并不是说当时真的有这样的名称。此种分类，没有绝对的优略好坏，也无关乎善恶高下，不是说朱熹是好人，王淮就非得是坏人，也不是说道学集团专读圣贤书，官僚集团就不讲理论只看实际，这种分判都太脸谱化了。

善恶忠奸，或许可留待戏曲小说剧本的发挥，真实的人生中，往往不是黑白分明的。毕竟，北伐与否，牵涉的东西太多，如国力、武器、后勤、将领、兵种、地形、气候、行军路线、百姓支持度等。战争不是请客吃饭，也不是嘴上占便宜，而是稍有不慎，轻则损兵折将，重则国破家亡，历史上已有过无数的先例。

不管是"道学型士大夫"集团，还是"官僚型士大夫"集团，除了自己的功名利禄之外，他们都希望参与国政，经世致用。这些人怀抱理想，经世致用，出将入相，开物成务，为帝王师，代代不乏其人。他们拥着憧憬，带着自信与自傲，涉世事，走进社会与政治，抚世酬物，在理想与现实中折冲，最后或许功亏一篑，徒呼负负；又或是为世味牵引，依违从俗，忘却了初衷本意。而功业成与不成，尚待天时、地利等诸多因素，又岂是一己之力所独能，于是理想的追寻永不止息，现实的遗憾也在所难免。

他们前仆后继，为国家、为社会、为生民、为自己，读圣贤书，修己安人，吊诡的是，即便权力结构复杂万端，士大夫经世，常导致负谤贾怨，人事丛脞，却也不能说经世不重要、不值一顾，甚至不能不鼓励后来者对经世的向往与追求。

就这点来看，两者殊无二致。

但是，如果就差异处来看，就很不同了。

用葛兆光的话来讲，"道学型士大夫"往往是理想主义与保守主义；相对的，"官僚型士大夫"则是比较现实主义与保守主义。当然只是互相比对，若真的把两方名单排列细看，其实"道学型士大夫"和"官僚型士大夫"，各有理想，也有现实的考虑，套句电影《人类之子》的台词一言以蔽之，就是："每件事都是在信念与机运间的奇妙争战。"只是这种奇妙，常常也是残酷而血腥的，下台、贬谪、抄家、灭族、坐牢，都是常有的事，古今中外，屡见不鲜。

我们仔细审思，宋孝宗的部署，看似完美，可是理想丰满，现实往往骨感，有时甚至骨瘦如柴。那么，宋孝宗的举动，光宗又是如何理解的？又或者我们更应该问，宋光宗到底是怎么看待自己的父亲呢？

五、父子人伦，福祸之间

父子关系，永远是人类恒久的重要问题之一，有亲密无间，有凶终隙末；有的父子像朋友，有的父子像世仇。在心理学上，也是弗洛伊德等人最喜欢讨论的主题之一：弑父与乱伦。许多临床心理学的案例分析，也不断重复类似的观点：在孩子成长过程中，对待父子的态度，常常由偶像化，渐渐转为竞争性对手，其间往往也会经历愤怒与不谅解，此时如果处理得当，往往最后可以共处与和解。

反过来说，孩子在成长，父亲其实也在学习：如何在自己的位置上理解这个阶段、理解自己的责任，就是孔子最喜欢说的"正名""君君臣臣父父子子"。

这句话，有段时间大家都理解成专制主义的源头、酱缸文化的起源。

唉，其实哪有这样黑暗？孔子也说："觚不觚？觚哉！觚哉！"觚是什么？是一种礼器，用来装酒的，材质多为青铜。特征是圈足、敞口、长身，在口部和底部，多为喇叭形状。一般来说，觚的类型，大概有圆胴和方胴、出戟和无出戟等。

在孔子看来，什么叫觚？有觚的形状与功用，就是觚。这句话简直是废话，不过人世间最荒谬的往往在此，正因是毋庸置疑，往往最难做到：当父亲的不像父亲，家暴外遇打孩子；当官的不像当官的，贪污枉法搞特权；当学生的不像学生，援交贩毒揍老师。当大家忽略了一个事情或职位最本质的意义，反而人人都想插队、走快捷方式、靠关系、开后门、无所不为之后。烂领导多了，孟子一看，"望之不似人君"。《世说新语》说："非人哉！"觚不像觚，父不似父，天下就会大乱。顾炎武说得更重，这是亡天下，比亡国还惨："仁义充塞，而至于率兽食人，人将相食，谓之亡天下！"

就因为物有物理，名有名分，两者要相辅相成，不能有表里不一，有外无内，反之亦然。20世纪，台湾有个很流行的胶卷广告，台词就是："绿就是绿，红就是红，蓝就是蓝，所有的色彩，都在富士彩色软片中大彻大悟。"写得极好，如果蓝不像蓝，绿不像绿，就如孔老夫子最讨厌的，恶紫夺朱，非正色也！苏轼就深明此理，他有一篇文章，叫《物不可苟合论》。文章中，他以《易》噬嗑卦为说，震下离上，噬是啮，嗑是合，噬嗑就是咀嚼、就是咬合，所以《象传》才说"颐中有物，曰噬嗑"，都是颐口之象。他以咀嚼咬合之义来解释君臣之道，证明"物不可以苟合"，因为苟合于物，则不免君臣相陵，父子相怨，夫妇相离，朋友相侮，是件非常严重的事。

因此，敢于承担，理解责任，要正名，要表里如一，绝对是传统文化的重要思想。更何况，孩子固然需要在成长中，仰望父母，在家庭教育中理解父母，反过来讲，父母在抚养孩子的同时，除了经济上的帮助、亲情或人格上的关心之外，爱之适足以害之，有时也可能造成孩子的阴影，形成未来性格上的缺陷，终身难改。

再说回宋孝宗。早夭者除外，宋孝宗有三子，长子赵愭曾被立为皇太子，两年后病故。次子赵恺，后封为魏王。三子赵惇，便是宋光宗。

那么，宋孝宗、宋光宗这对父子，"觚不觚？觚哉！觚哉！"彼此间又出了什么问题呢？我们在前面提过，宋孝宗虽非宋高宗亲生，却是一生尽孝，他是真的把宋高宗当成亲生父亲一样，发自内心地奉养尊重。宋高宗之于宋孝宗，比宋孝宗之于宋光宗，更像理想中的父子关系，更符合"君君臣臣父父子子"。

当宋高宗逝世，宋孝宗决定三年之丧，他想象儿子与他的关系，希望就如他与宋高宗的相处。行三年之丧，伴随着的含义，是希望儿子宋光宗渐渐参与政治，培养他的决策能力。当然，一方面，宋孝宗晚年部署尚未全部完成；另一方面，也不可揠苗助长，过度心急。慢慢来，反而相对更快，当年我（宋孝宗）都熬过来了，你（宋光宗）又为何不可？所以宋孝宗先要儿子参决庶务，而不是一开始就禅位给他。借用班雅明（Walter Benjamin）《发达主义时代的抒情诗人》中的话，顾名不思义，就是"需要一个回身的余地"。这样的举动，引起朝中许多反对，舆论汹汹，不同意见太多，大出宋孝宗意料之外。

周必大、洪迈、杨万里等人纷纷上书，表示疑问。他们反对的理由，其实也颇有道理，大概是说：以古鉴今，往来太子参政，远有唐太宗守高祖之丧，太子李承乾参政，结果被废；近是宋真宗有疾，宋仁宗以皇太子亲政，也差点出事。因此他们都希望宋孝宗收回成命，太子不是不能掌权，只是这种方式，容易滋生混乱，令出于二，如前引柳立言所谓"双重皇权"，容易造成权力不均，朋党更是自行其是，各找山头，玩弄权术，政治分赃。宋孝宗的做法，根本是弊大于利。

这些道理，你知我知天知地知，周必大知道，杨万里也知道，难道全天下就宋孝宗不知道吗？他们都很聪明，就皇帝最笨？这就得说到学术研究的一些盲点了。我本身属在学院中，写论文、读文献，是学者的本分，我也不例外。只是愈读愈多，就会发现，很多原典文献以及史学研究，我们常常只看到资料中说话的一方，往往忽视了资料中沉默、无言以对、缺乏应对、没有记载的另一方。

例如在这次的政治事件中，很多学者都称赞杨万里的真知灼见。这种说法固然有道理，可是，杨万里等人的顾虑，难道宋孝宗不知道，或者他都没想过可能导致的弊病吗？

经由反思，往往才能深入历史，看到人性。我个人的判断是，宋孝宗当然知道，他清楚得很。权衡之下，还是会作出决定，和杨万里等人相反的是，他认为是利大于弊。

或许是因为亲情。

或许是因为，宋孝宗对于自己与宋高宗的关系，非常有信心，所以移情到儿子身上。老子当年如此，你（儿子）为何不行？

这种判断，用现代的话来讲，可称之为"红皇后效应"，它出自英国作家刘易斯·卡罗（Lewis Carroll）的《爱丽斯梦游仙境》的续集——《爱丽斯镜中奇遇》（Through the Looking-Glass, and What Alice Found There）中。在故事中，红皇后说："你必须用力奔跑，才能使自己停留在原地。"这个理论，曾被学者用来解释生物的进化。例如羚羊与老虎，它们是被捕者与捕食者的食物链关系，羚羊为了生存，避免死亡，需要跑得更快跳得更高，运动能力渐渐进化；反过来说，老虎等捕食者，往往也相应地成长，才能更顺利捕捉猎物。虽然两者的关系以及效率是一样的，但却都因应彼此而成长了，双方为了"使自己停留在原地"，所以"必须用力奔跑"。

宋孝宗与宋光宗的情况，从宋孝宗自己的理想规划来看，也颇有"红皇后效应"的味道，天有二主，彼此可以良性竞争，互相制衡，当然也可以彼此合作，你成长我也进步。我们父子二人，为了权力位置，为了北伐计划，为了"停留在原地"，所以需"用力奔跑"。

更何况，这样的合作，联系两端是亲情，既是父子也是君臣，更是合作伙伴。上阵不离父子兵，儿子有的一切，都是我给你的，正如我（宋孝宗）现有的一切，都是（宋高宗）给的，继父养子尚且如此，何况亲生父子、血缘至亲？官场再险恶，人际再无情，政治再残酷，又怎比得上真正父子之情、血浓于水？

子承父业，父为子而行，多么美好啊！

宋孝宗为儿子部署一切，既可父子同心，满足早年的愿望：北伐。另一方面，如果北伐真的成功，自己也有荣焉，也无改于高宗的政策，符合古训："三年无改于父之道，可谓孝矣。"在精神上，在外在上，当然也是另一种形式的父子合作。祖父子三代，可谓一脉传承，为国家、为赵氏、为生民，都可说是尽心尽力了。

只是，一个人感觉合脚的鞋，常常会夹痛另一个人的脚。宋孝宗感觉良好，亦觉得对大家都好。可他的儿子呢？也是这样想吗？在理想与现实之间，在规划与实践之中，又会有多大的差距呢？

果然，时间并没有多久，事情已经发生变化。父子之情，似乎并没有当初想象的那样融洽，羁绊也没这样深。宋孝宗想拉上儿子一起走，没想到，父子同路不同心，最后形同陌路，天地荆棘，彼此成了最熟悉的陌生人。

因为晚年部署需要时间，宋孝宗似乎总是把儿子当孩子看，太子参决，并未真的把权力下放。在许多公开场合，对待儿子的态度也稍显严厉些。跟儿媳妇的相处，也有许多问题。看来情况不乐观。

红皇后效应，结果变成了零和竞争，此消彼长，难以共处；本意同胜，结果双输。

原因还是出在人性上，或许也出在女人身上。特别是后者，多少亲子因为媳妇反目。自己的儿子，后来变成了别人的丈夫，心向着外，虽然理论上大家应该都是一家人。

过往史迹，历历在目。

当然，也不能全怪女人，儿子自己也有问题，老子也是。这些我们稍后还会再谈。

细心的读者，估计也注意到了，反对宋孝宗做法的知识分子中，有许多是"道学型士大夫"。他们反对的理由，固然有冠冕堂皇、义正辞严的一面，当然也包括了许多个人的考虑。反过来说，此时稍落下风的"官僚型士大夫"，也应该趁机会，抓准时间，找对议题，刷刷存在感，巩固自身势力，也为将来谋划。

靠近权力中心，往往是条重要的路，也是必经之路。宋孝宗既然有意提拔"道学型士大夫"，则"官僚型士大夫"就应该寻找下一个水源地。最好的例子，就是葛邲，字楚辅，丹阳人，后居吴兴。他的学问很渊博，是当时的儒学名士。不过，很显然，他不是周必大、朱熹的同路人。宋孝宗时，他的官位还不高，分别担任过侍御史、中书舍人、给事中、刑部尚书等。因为与太子宋光宗友好，到宋光宗主政时，也就刻意提拔他（也包括与他同属性的团体），于是连跳数级，颇有韩愈"一封朝奏九重天"的感觉。宋孝宗还在位时，淳熙十六年（1189），他才刚去职。几个月后，宋光宗上来了，沈清臣被罢官，周必大也被罢官，葛邲立刻被任命为参知政事，此后又当到了知枢密院事，到了绍熙四年（1193），还是不断升官加爵，官拜左丞相。

任用葛邲这类不在宋孝宗晚年部署计划中的人，我们就想问：宋光宗知道自己父亲的计划吗？我们也可以再问：宋孝宗的部署中，有宋光宗可以自己运作的空间吗？

或许知道，或许不知道；或许有，或许根本没有。可是在父子冲突面前，很多事情都是非理性的，可能是发泄，也可能是故意作对，更可能是一种排斥的不认同感。

"父亲是为我好"，这句话，或许在宋光宗脑海中盘旋，只是这句话的标点符号，究竟应该是句号还是惊叹号？还是，根本就是问号？

六、终登大位，四十更惑？

宋孝宗内禅，宋光宗登基，宋光宗此时四十多岁。一般来说，四十岁，步入中年，阅历已丰，三观成熟，思考的深邃度，比起那些小屁孩、社会新鲜人，早不可同日而语。

孔子最喜欢说"四十不惑"，其实，四十岁似乎常常是许多人的关键阶段，既是"瓶颈"，也可能是重生。韩愈说自己"吾年未四十，而视茫茫，而发苍苍，而齿牙动摇"。苏轼虚岁四十"老夫聊发少年狂"；周紫芝"四十年来，历尽闲烦恼"。陶望龄诗文中，也充斥着一堆"四十"感受；郑孝胥"老去久蒙天下谤，回忆四十真少壮"；陈忠平"于今当不惑，外此更何求？"胡适也有《四十自述》的自传；香港导演许鞍华也拍过一部电影，探讨中年问题，就叫《男人四十》。

这些题材，都是讲述四十岁左右男子的心境。四十岁，青春已远，离老去又还搭不上边，不上不下，不前不后；身材可能发胖，不人不鬼；头发可能渐秃，可有可无。人生四十，就像渡河的人，走到中间，前无终点，回首过往，又不见岸，身旁无边无尽，只有白茫茫似的人流。

但是，像韩愈、胡适这种读过不少书，有很多想法、很多经世之志，希望解释世界与改变世界的人，他们怎么看四十岁呢？就像胡适自己的诗："偶有几茎白发，心情微近中年，做了过河卒子，只能拼命向前。"胡适此时，虽已是四十五六岁，只是，做了过河卒子，无法回到过去，不向前，又该往哪儿去呢？

这些人，一路走来，好像偶然得多，仔细想想，却又理所当然。四十多岁，才恍然大悟：那些渴求的东西，或悬理想，或构幻想，或结遐想，或因缘际会，顺利达成，或道阻且长，直至梦灭；那些厌恶的事物，似近而既远，将来而复旋。渐渐地，好像也窥出些因缘，由其所遮，看其所愿，世务虽杂，终于理境日显。

不惑之年，其实，哪有不惑？而是走着走着，或直线加速拼向前，或绕路只为看花开，不似当年那样彷徨，不像当初那样不明所以。如今我们四十看从前，自以为是的坚持，有些没那么重要了，有些却更固执了；曾经的经典，已经不流行了，或是又火起来了，现实好像就是，拼凑的意志刻满了忧伤，时之否泰，身之休戚。原来四十之于不惑，并非真的从此没有问题，正是自知者明，知人者智，从此更明白自己的选择。正如某句流行歌词所说："我选择了你，你选择了我。这是我们的选择。"

宋光宗的四十，或许不像平凡人那般，有经济上的需求、有社会地位的压力。但是他的"男人四十"，出现的焦虑，可能也是类似的。

宋光宗有他的问题。

宋光宗，四十多岁，理应不惑，却好像更迷茫了。父亲寄予的厚望、事前的安排；臣下的支持与抗议，各种纷争，流言蜚语，传来传去，说不清，也割不断；妻子的强势，软硬兼施，她对于自己父亲的厌恶，说话难听，可是仔细想想，有些好像也颇有道理。

这些满满的问题，才晴又雨，时塞又通，充斥在生活中，流动在生命里，都是疑惑啊！

在许多相关著作以及研究中，宋光宗往往被视为精神失常，当时人称之为"失心疯"。而宋光宗在位期间，不过五年，既无功劳可说，也无大事可谈。宋光宗一朝，常常只用几笔带过即可，似乎已是无话可多说。

不过，如本章所言，从宋高宗选定宋孝宗，再到宋孝宗的晚年部署，祖孙三人，虽非真正血亲，却是密切相关，牵一发而动全身。要知道，历史不是朝夕之间造成的，有积累，有连续，有因果，连绵不绝。宋孝宗怎样也想不到的，他理想中的两种"父子同心"（高宗／孝宗、孝宗／光宗），竟然是没有血缘的成功了，真正血浓于水的却失败了。

过去的是美好的，当下的却是痛心的。

我们在此不妨先岔开来谈，俗话说"没有比较就没有伤害"，我们拿另一个例子，分析子承父业的现象。先看看司马谈跟司马迁这对父子。在《太史公自序》中，司马迁对自己的父亲情况，说得颇清楚：司马喜生司马谈，父亲供职于汉武帝的建元、元封之间，任太史令，负责天文历法、节日星象等相关事务，其中并没有写史。所以从头到尾，《史记》都是司马迁父子的个人志业，跟职业无关，《史记》是私修而非官修。

司马迁说父亲对自己的教育，年10岁诵古文，"诵"当然不可能只是念出来，10岁才"诵"，恐怕太晚。许慎在《说文解字》说："诵，讽也。""读，诵书也。"未必是古义，但可能是两汉以来的流行解释。所以司马迁的诵古文，自然也包括了听、说、读、写。

这样还没什么，若读得不好，很容易变成填鸭式教育，真正的重点是司马迁接下来的话："二十而南游江、淮，上会稽，探禹穴，窥九疑，浮于沅、湘；北涉汶、泗，讲业齐、鲁之都，观孔子之遗风，乡射邹、峄；厄困鄱、薛、彭城，过梁、楚以归。"看到了吗？才20岁，司马谈竟然愿意，并且非常积极推动儿子有计划地"游学"，读万卷书，行万里路，游来游去，几乎行遍大半个中国。

我上课时，常问大学本科生，到了寒暑假，如果你想自助神州畅游，在不考虑经济问题情况下，你父母愿不愿意？有朝一日，当天下有情人皆成父母，你愿不愿小孩这样做？多数的答案都是："怎么可能！""年纪轻轻，太危险了！"要知道，司马迁那个年代，交通可不像今日这么发达，没有飞机、高铁、公交车，没有支付宝，自然也叫不到外卖。他20岁的青年，也许还要风餐露宿，可能还会适应不良、生病失眠，更危险啊！

不过，游历访问，确实大大增长了见识，成为司马迁一生中最重要的生命阅历。直至年长，司马迁依旧回味不已，凡走过必留下痕迹，路，没有白行的。

　　我要说的其实就是一种理想的家庭教育。所以当汉武帝为了神仙方术，想要长生求仙而封禅，司马谈却因为某些缘故不得参加，滞留周南时，发愤且卒，父亲握着儿子司马迁的手时，说："我的一生，都是想继承家族的志业。而我们家族，曾经显功扬名，后来中衰，到了我这一代，都还未能尽复旧业，如今我死了，你为太史，务必谨记此念。而当今皇上（作者按：汉武帝）在泰山封禅，我竟然因为种种原因，不得随行，无缘亲与此盛事，唉，无可奈何！这就是命吧！我死之后，你必为太史，别忘了我们的家族的志业以及我们的约定。你知道，真正的孝是什么吗？初始于侍奉父母，中于尽忠君主，最后完成自身。而扬名后世，显扬父母，这才是真正的孝之大者啊！屈指一算，从孔子获麟以来，400多年了，从春秋到战国，诸侯相兼，史记放绝。如今汉朝兴盛，海内一统，明主贤君忠臣死义之士，我身为太史，无法完成写史的工作，实在遗憾，希望你能替我完成它，谨记！谨记！"

　　因为有司马谈的悉心栽培，因材施教，司马迁一辈子都记得父亲的遗愿，至死不渝。又或者说，为了理想，他连死都不敢。这才是家庭教育的成功，真正的子承父业，无改于父之道，不是强迫儿子变成父亲。古往今来，有太多父母，望子女成龙成凤，"孩子，我希望你比我强"，于是有了太多的要求与压力，希望小孩子活成自己想象中的"人设"，却不太有时间真正去观察他们要什么、喜欢什么、讨厌什么。

　　这不是继承，而是管制。

　　司马谈的教育，就是鼓励孩子多元发展。在学习的过程中，当然也加入了自己的一些价值观与世界观，无形之中，潜移默化，来观察儿子到底是哪块料，与自己的理想设计有何差异，并借此调整教育方式。

于是，父子关系，子承父业，就不是说要孩子活成父母想要的样子。根本是反过来，薪火相传，父亲的遗愿，不只是儿子的实践，根本就是儿子的事业，儿子的志业。司马迁在做自己想做、喜欢做、非常愿意做的事，而这件事，也是父亲的事。这样的父子关系，显然在宋孝宗与宋光宗这对父子身上，是完全看不到的。

当然，两家的地位、财富、状况多有不同。但宋孝宗作为一个父亲，在培养儿子的方向上，显然思维有极大的差异。

所以说，有比较，才有了伤害，还很大。

宋光宗的心理状况，前面曾提到过的史学家余英时，分析得颇为细腻。他指出，就比较而言，宋光宗对于宋高宗的认同感，似乎远高于自己的父亲宋孝宗。最大的关键在继承问题，宋孝宗比高宗小 20 岁，刚好也是宋孝宗与宋光宗的差距。

绍兴三十二年（1162），宋高宗禅位给宋孝宗，此时宋高宗 56 岁，宋孝宗 36 岁，再过四年，将满四十。淳熙九年（1182），此时宋孝宗 56 岁，宋光宗 36 岁，但登位一事，仍遥遥无期。宋光宗还私下对人表示过，三四十岁，发已白，仍然一事无成，感觉对不起宋高宗。

四十之惑，犹胜从前啊！

宋高宗死后，父亲宋孝宗总算让这个白发太子参与政事。宋光宗以太子身份议事，父亲却仍然还不退位，遥想前人（高宗），近看前者（孝宗），比对之下，亲生的还比不上过继的，直系的还比不上远亲的，加上许多大臣反对太子参政。可以想象，宋光宗难免心理不平衡。

更让人难堪的是，所谓太子参政的真相是什么呢？真的参与政务了吗？真正决定了什么重要政事了吗？恐怕未必，最多就是做做样子，宋孝宗还是把权力牢牢握在手中，太子唯唯称是，站在一旁拱手诺诺而已。

更多时候，父亲在公开场合，在政治场域中，其实也不太尊重儿子。或许父亲是要磨炼他、觉得他还是个孩子。或许宋高宗当年也是这样对待宋孝宗，但或许父亲也只要给宋光宗一个承诺：或许说到做到。

偏偏就是这点，宋光宗左等右等，早盼晚盼，似乎总没有答案。许多文献也显示，孝宗对待儿子过于严厉，宋光宗小心翼翼，唯恐有失，过度忧虑，此时心理状况已经不佳。对父亲不满，容忍度又不如当年的父亲那般，且个性又稳健不足，看不清楚局势，自然容易听信他人耳边风。

要知道，宋光宗不只是焦虑何时继承皇位，这还只是"得"的一面，真正让他恐惧的，恐怕还是"失"的那一面。流迁变化，朝夕难保，权位一天未得，就随时可能消失。各种因素，谣言、阴谋、揣测、交易、盘算、小动作、胡搞瞎搞，在宋光宗看得见与看不见的地方，始终不停。

患得患失，既得之，又怕失之，而世缘牵率，人事纷纭，谁知道现在歌楼舞馆，未来是否碎瓦断垣？谁知道过去琼蕤玉树，他日是否荒榛断梗？谁知道呢？谁又能保证呢？更何况是理应要得，却直直未能到手。这种心情，或许就如当年，宋孝宗等待宋高宗传位时的心情吧？

宋光宗不安，他焦虑，他害怕。

此外，还有许多压力，除了来自宋光宗周围的人之外，最重要的是他的妻子——未来的皇后李氏（为了方便称呼与理解，我们在行文中一律用"李皇后"）。史书上说她既悍且妒，似乎家教也不甚好，常顶撞长辈。她比宋光宗长一两岁，对于老公，李皇后明显是一种控制型伴侣。但是要控制驯服丈夫，光靠凶与悍还不够——她本质上是跟老公站在同一阵线的。

因为皇位的关系，宋光宗心里不愉快，深感不满，父亲宋孝宗未必完全知道，手下大臣也不方便多说，然而枕边人李皇后可能就一清二楚。或许，这种操控可能就是基于一些二人共同的话题："委屈""爱情""未来""牺牲""伟大"，等等，抱着"都是为了我们好"、"为了这个家"、"为了我们的将来"的态度，夫妻二人才能同仇敌忾，自成一党。

希望有更多保障，李皇后曾要求公公宋孝宗，先立自己的儿子（也就是后来的宋宁宗）为太子，宋孝宗不许，李皇后顶撞回嘴了几句，惹得宋孝宗大怒，甚至想废掉李皇后。李皇后回家后跟丈夫哭泣，一把鼻涕一把眼泪，他（宋孝宗）既不想让你（宋光宗）当皇帝，也不愿意让你的儿子（宋宁宗）当太子，怎么做人家爹的？想想看当初人家（宋高宗）是怎么让他（宋孝宗）当皇帝的？要不要脸哪？还有没有天理了？或许还骂了丈夫几句：你到底有没有出息？你怎么一点儿屁用都没有？

原来，宋孝宗的父子同心，结果被儿子与媳妇拿来做了另一种不堪的比较：当初他（宋高宗）怎么对你（宋孝宗），现在你（宋孝宗）又是怎么对我（宋光宗）的？

此非特例，举凡天地间，所有的恩怨情仇，都是在两相不对等、信息不对称、期望不相符的过程中，产生剥夺感。不知不觉，渐渐地累积，愈来愈多，愈来愈深，愈来愈不满。

对于流言蜚语，离间中伤，《论语》中有句形容："浸润之谮，肤受之愬"，实在精辟，惟妙惟肖。这种诽谤恶话，风言风语，就像水滴一样，一点儿一点儿地散开，一点儿一点儿地流入；也像皮肤感受到疼痛，慢慢腐蚀，渐渐加深。

更糟糕的是，宋光宗登位之后，老婆李皇后竟然还杀了自己宠爱的黄贵妃。《宋史》因此说："皇后李氏杀黄贵妃，对外宣称说黄贵妃突然死亡。此后，合祭天地的重要节日，竟然刮起大风大雨，典礼作罢。种种压力之下，宋光宗心神不宁，竟导致神经衰弱，身体不佳。宋孝宗与寿成皇后颇为关心，想看看儿子状况，光宗自此不视朝。"爱人被杀，祭天不成，心理状况更差，震惧感疾，就连父母亲来看视，嘘寒问暖，好话说尽，都没用。

绍熙四年（1193），宋孝宗生日，做儿子的，即便已是皇帝，于情于理，都应该向父亲拜寿祝贺。在此之前，宋孝宗曾以宋光宗疾病未愈的理由，先行公布，向大家说明，皇帝（宋光宗）养病为重，不必前来重华宫拜见（重华宫是宋孝宗传位给光宗后所居的宫殿），这是一个借口，给彼此台阶下。这年，宋光宗病情似乎好转许多，许多朝臣希望皇帝行父子之礼，集体上书，希望宋孝宗能要求光宗前往，根据当时侍郎袁说友的讲法，宋孝宗自己都说，从秋天以来，许久未见儿子，甚盼相会。

但是宋光宗不见，就是不见，即便自己的父亲已示弱，率先低头，要人传话希望父子重会，光宗还是不愿意。

因为各种压力，宋光宗也曾一度心软，准备前往了，然而最后还是止步了。这其中除了宋光宗的父子心结之外，还有一个重要原因，就是那个杀了自己疼爱女人的元配。《宋史》明明白白地说："甲申，帝将朝重华宫，皇后止帝，中书舍人陈傅良引裾力谏，不听。戊子，著作郎沈有开、秘书郎彭龟年、礼部侍郎倪思等咸上疏，请朝重华宫。""皇后止帝"，原来是母老虎李皇后不准啊！

天下最难解且最难说清是非的，就是人来人往之间，各种复杂因素所组成的人际关系。可以这样说，清官难断家务事，父亲没错，儿子没错，老婆也没错，大家都有自己的道理。也可以反过来说，每个人为了自己，都错了。宋孝宗错了，宋光宗也错了。

事已至此，宋光宗所谓的"不惑"，到底"不惑"在哪里呢？

父子之亲，妻子之情，臣下之忠。到底，天地间有哪些是真正靠得住呢？

说到生日，我们可以岔出来谈一下。其实古人是不过生日的，庆生礼俗，始于魏晋南北朝，到了唐代才成为正式的礼仪，纳入史册。

古人不过生日的理由，当然是当时医学不发达，生产实在是一大难关，难产而死者既多，产后保养不当者，因虚弱导致疾病或去世者，同样大有人在。更不用说什么产前检查等，都不可能如当今般缜密细腻。因此所谓的生日，往往也是母难日，甚至可能也是家庭重要成员的祭日。

若然如此，又有什么好庆祝的？唐玄宗倒是正式开了庆典，他是垂拱元年（685）八月五日，生于东都洛阳。开元十七年（729），张说、源干曜率领文武百官上表，建议以后依此诞生之日，每年固定欢贺，普天同庆。唐玄宗同意了，于是元首生辰，举国皆颂。自此以后，上行下效，逐渐变成当今的生日会。

回到宋光宗不为父亲庆生，不前往拜见，当然不是因为什么古礼、母难日，他根本连理由都懒得找。史论评价他是说："宋光宗即位初期，施政颇有好评，总权纲，屏嬖幸，薄赋缓刑，情势似乎大好。可是内有悍妻妒复，处处受控制，导致自己惊忧致疾。自是政治日昏，孝养日怠，与父亲关系愈来愈差，也影响国政民生，逐渐衰微。"

冰冻三尺，非一日之寒。"宫闱妒悍，内不能制"。可是如果把全部问题都推到李皇后身上，政治昏暗，奉养懈怠，然后说是因为女人妒悍，夫不能制妻，导致惊忧致疾，似乎太简化了恩怨情仇。

回首过往，这些路走来，终于，宋光宗做上皇帝了，却也疯了。

一切坚固的东西却都烟消云散。

第二章

◎

走向权臣之路：韩侂胄升职记

一、绍熙内禅，强迫退位

在上一章中，我们回顾了宋高宗、宋孝宗、宋光宗三代人的恩怨情仇，是非爱恨。但是，生活还要继续，故事还没说完。在宋代史乃至中国通史中，有个知名度颇高的词汇，叫"绍熙内禅"。"绍熙"是宋光宗的年号，"内禅"是现任君王，主动退位，把皇帝的身份与权力让给其他人。

一般来说，若非战争或特殊时期，这个皇位，当然是传给自己的儿子。皇帝若还活着，想要退休，就称为禅位或让位。我们都知道，最早的禅让，传贤不传子，根据后人的说法，当然是儒家——或是传统思想称赞的尧舜禹三代之治。

最早是传贤，后来是传子。理想上，当然是子贤，传贤就是传子，这样最好。不管如何，"禅让"这个词汇，这种制度后来变成中国政治上的美谈。于是很多人借由这个美谈，名同实不同。趁着孤儿寡母，势单力薄，强取豪夺了这个皇位，例如王莽，例如曹丕。

我们回到主题，绍熙内禅，是怎么回事呢？在位不过数年，宋光宗又为何想退位？难道想效法他的父亲？或是宋高宗？都不是，也或许都是。反正这件事情不是他的决定。他可能是被逼的，被赵家自己人逼的。

起因是这样的，宋孝宗、宋光宗、李皇后，父子不和，父媳也不和。宫闱的丑闻，舆论满天飞，早就尽人皆知。宋光宗精神不佳，不理朝政，不见父亲，看来也是铁了心。这种情形之下，政局不稳定，连带影响的，也非宋孝宗这家人，更是整个朝廷、整个国家。在皇权时代，家族即皇族，家谱即国谱，牵涉整个国安体系。梁启超说正史就是一部帝王家谱，"二十四史非史也，二十四姓之家谱而已"，虽然夸张了些，严格来说，诸如《南史》《北史》《新五代史》这几部，就不只一姓一氏了。但梁启超却也说中了实情：帝王之家，就是国家。

家国，国家，帝王看来，都是一家。

正如台湾学者邢义田在《天下一家：皇帝、官僚与社会》所说，从夏商周，经历秦汉，最后到清末。基本上，秦汉以后的皇帝制度，就是三代以来君王制的延续，只是规模更大、更有系统，规划也更严密。皇帝制度经过两千多年的发展，早与中国社会的方方面面，互相配合，环环相扣。

皇帝制度，表面上可说是"公"："天下为公""公天下"，实际上都是"私"的，视为皇家私人产业与规模。公私之间，又不是极端对立，常常又是公私不分，在私天下中，保有相当程度的以公为主。

刘邦当上皇帝后，得意扬扬地对父亲说："始大人常以臣无赖，不能治产业，不如仲力。今某之业所就孰与仲多？"

嘿！老爸，你看看，你当年笑我没出息。如今我的身家，跟哥哥相比，谁多呀？家天下，公私混合，不离不杂，显然就是这样的心态。

在当时，诸如《鹤林玉露》之类的笔记记载，宋光宗时期的政治气氛，非常诡谲，似乎随时都可能发生难以预测的大事。叶适观察当时的状况，他在《蔡知合墓志铭》里说："中外传闻愈来愈多，讹言益甚，有人说某个将领要叛变，有人传某个军队可能会出大问题，不论这个和那个，恐怕都是对政府不怀好意的举动。"某将某军，某人某士，似乎谁都可疑，都在酝酿着某些惊天动地的阴谋。

整个事情的引爆点就在宋孝宗过世。

照理来讲，退位皇帝，又是现任皇帝的亲生父亲，双眼一闭，两腿一伸，离开此世，应该是举国哀悼，至少是朝野伤痛的大事。倒是他的儿子，当今皇帝宋光宗，依旧不肯前往重华宫主持丧事。事已至此，可就难办了，于情于心，于理或礼，都说不过去。舆论顿时炸了锅，士人热议，百姓侧目，天天都是报纸头条、微博热搜：儿子不管父亲的葬礼。

事情的发生，迅雷不及掩耳。我们以事后诸葛亮的眼光来看，宋孝宗死于绍熙（1194）五年六月九日，宋光宗退位，宋宁宗接棒，是同年七月五日。不到一个月的时间，风云际会，猪羊变色，本该他在台上的，却匆匆下了台，不该上台的，却来到了台上。

这场政治游戏，当然是玩真的，稍有不慎，随时可能身死家灭。谁能抓住关键，看准形势，谁就是赢家。我们都知道，《孙子兵法》最喜欢说形势，关于《孙子兵法》，日本人常常用不同的视野来看，特别是以商业管理者思维的角度，有"经营之神"称号的松下幸之助就曾说过："孙子兵法是天下第一神灵，我们必须顶礼膜拜，认真背诵，灵活运用，公司才能发达。"

在日本人看来，借由理解《孙子兵法》，"商场"之道与"战场"之道是可以互相贯通的。虽然如李零先生等知名学者，都不太以企业经营角度来谈，把《孙子兵法》商战化、工商化。他们多是回归本质，用句庄子的话"请循其本"，还是用兵法谈《孙子》，以《孙子》说军事。

这种读法，当然很有道理，我却总觉得，把《孙子兵法》等兵家韬略作为"实用历史"的产品，近亲繁殖，"商战谋略""统御术"皆属其内，在市场上有一定的卖点（不然怎么会这么多）。这种写法，固然是对历史的"活用""实用"，自然有"读历史学教训"的一面，倒是我们不妨更深层地看：其实兵家韬略本身也是一套哲学思想、一种价值观，因此分析战争、写人性、看世界，不只是战略运用，其实还有一整套"战争与和平"式的解读，也是可以作为思想史材料的，与空想社会主义、宋明理学讲心性理气，出发点都很类似，都是对人生的思考与诠释。

所以从形跟势的角度，来看南宋这场政争，或许可以学到不少东西。按照荀悦的解释，形就是"大体得失之数"，势则是"临时进退之机"。他的分析微妙，很精彩，也很到位。掌握形势——"大体得失之数""临时进退之机"，对于赵汝愚、韩侂胄等人来说，正如《孙子兵法》所写的："计利以听，乃为之势，以佐其外。势者，因利而制权也。"玩得很成功，几乎大获全胜。

根据许多学者的研究，如国内宋史、法制史专家肖建新先生的考证，"绍熙内禅"的过程，大致上可分为前后两个阶段，基本上是当时朝廷掌权者精心导演的一场政治危机及其处理。

台面上是各种表演，台面下实际就是政变。

首先，因为宋光宗坚持不入宫，不主持父亲丧事，于是许多大臣，如留正、赵汝愚等人，希望立嘉王赵扩为太子。由太子来处理祖父的丧事，若宋光宗此时精神状况还是不佳，真的不适合，或可由太子即位，处理国政。

值得一提的是，宋孝宗虽与儿子交恶，却是颇为疼惜孙子，《宋史》说宋光宗自己不去重华宫，但是同意了臣下的请求，派了儿子赵扩过去，与父亲，也就是赵扩的祖父宋孝宗，共享天伦之乐。宋孝宗高兴得不得了："甲申，从官列奏以请，嘉王（赵扩）府翊善黄裳、讲读官沈有开、彭龟年奏，乞令嘉王（赵扩）诣重华宫问疾，许之。王（赵扩）至重华宫，寿皇（宋孝宗）为之感动。"

在民间，常常有句俗话：有一种饿，叫阿嬷觉得饿；有一种冷，叫阿公觉得冷。"阿嬷""阿公"，是台湾、福建以及浙南等地的闽南语方言，其实就是奶奶、爷爷的意思。意味长辈同孙辈，隔代教养，满满地只有爱，没有当初对待儿子那种教训的态度以及望子成龙望女成凤的严厉要求。

不知当祖父宋孝宗盼到许久未见的孙子宋宁宗时，想到自己的儿子宋光宗，一合一离，当年童言童语的孙子，如今已 16 岁，青春正盛。宋孝宗此时，会不会也想起自己曾经年少？想起自己与儿子曾经的相处？史书简单的一句"为之感动"，看似温馨，看似疼孙，看似天伦之乐，言外之意，人情冷暖，世情难料，宋孝宗晚年亲尝自行，蕴含了多少心痛与酸楚。

立太子位，留正等人的意思很清楚，还是之前说的那套：正名。名正则言顺，名不正则事难成。先立下太子，正了名，其他一切好办好谈。赵汝愚却希望更进一步，先由太皇太后——也就是宋高宗的妻子：隆慈太皇太后，由她来垂帘听政，再让太子接位。如此一来，理所当然，自然而然，更是妥当。

消息上达，却被太皇太后拒绝。

宋光宗听到建议，倒是不置可否，批示"甚好"二字。事情看似顺利进行。第二天晚上，宋光宗处突然又来诏令批示，说自己历事已久（其实登位不过四五年），"念欲退闲"。此语一出，大家看不懂了，纷纷猜测，他（宋光宗）到底要做什么？是想学宋高宗、宋孝宗退位当太上皇，父子共治？或是以退为进，警告我们这些臣子？还是真的倦了，不想当了？

这一点，让大臣们意见产生分歧，留正认为应该先观察看看，再行决定。赵汝愚等人却不这样想，赵汝愚想跳过留正，自己直接处理此事，他要硬干到底。

也就是说，绍熙内禅，有个"禅"字，其实并不美丽，不过是种政治上的话术。所谓的内禅，其实就是规划好的政变，史书说得很清楚："（韩）侂胄复命，汝愚始以其事语陈骙、余端礼，使郭杲及步帅阎仲夜以兵卫南北内，（余端）礼使其姻党宣赞舍人傅昌朝密制黄袍。"身为赵家宗室的赵汝愚，他与赵彦逾、叶适、徐谊、郭杲、韩侂胄等人，联手演出，事前有许多沙盘推演，充满了阴谋与算计。

首先，身为外甥的韩侂胄，先请自己的姨妈，也就是宋高宗的妻子隆慈太皇太后出面，垂帘听政。虽然宋光宗已不听朝政，还是要避免意外，把风险降到最低；本来居中联络人是吴琚，他同样也是隆慈太皇太后的侄子，不过吴琚不敢出面，于是差事落到韩侂胄头上。

他们又要郭杲、阎仲连等人，连夜带兵，将南皇宫都控制于手，一切准备就绪，然后同党人傅昌朝，暗中制作黄袍，走到这一步，基本上已全盘到位，准备就绪。于是赵汝愚兵谏，以话术，以军力，以各种微言大义，逼迫现任宋光宗退位，然后退位给宋宁宗赵扩。

要知道，当时的赵扩根本还没被立为太子，就直接跳级，接受禅让，当上皇帝了。事情最终能成功，有几个关键，首先是太皇太后必须同意，于是由韩侂胄出马；再来则是军力的需求，特别禁军必须配合，于是赵汝愚派出赵彦逾，找上了郭杲、阎仲连。也因为赵彦逾与郭杲的私人交情，终于游说成功。

从韩侂胄到赵彦逾，再到郭杲、阎仲连，又跳过留正。可见赵汝愚知人善任，选择合理，眼光正确，出手精准。如果用《孙子兵法》的话来讲，就是"立于不败之地"。

此次事件中，韩侂胄跃上台面。韩侂胄，字节夫，河南安阳人，是北宋名相韩琦之曾孙，韩嘉彦的孙子，韩侂胄的母亲是宋高宗吴皇后的妹妹，因此是姨妈与外甥的关系。此外，韩侂胄又娶了吴皇后的侄女为妻，亲上加亲。

宋光宗退位之后，权力移转，闲居寿康宫，庆元六年（1200），驾崩逝世。短短数年，宋孝宗的晚年部署，他理想中的父子携手，完全破灭。"官僚型士大夫"集团与"道学型士大夫"集团，又开始蠢蠢欲动。赵汝愚与韩侂胄的斗争，也在新皇帝的到来中，拉开了序幕。

二、看准目标，投资独到

前面讲到赵汝愚等人的规划，正如我们在本书中不断提到的，说话不能只听一面之词，文献也不可只看一家之言，我们必须再追问：赵汝愚的做法，宋宁宗知道吗？他自己又是怎么看待这种"跳级"的呢？

关于内禅，《宋史》说宋光宗与宋宁宗的内禅关系，"独当事势之难"，却能够不失礼节，可以说是难能可贵了。又说宋宁宗继位初期，召用宿儒，引拔善类，一时之间，似乎颇有光明的未来，各种施政举措，烨然可观。其后韩侂胄用事，情势开始转变，韩侂胄内蓄群奸，甚至指正人为邪客，把正学说成伪学，指黑为白。又执意北伐，外挑强邻，频岁兵败，结果南宋被迫送出韩侂胄的人头，外交军事至此，有损国威，又耗费财政求和。事情到此结束了吗？不，韩侂胄走了，又来一个史弥远，继续擅权，窃弄威福。更夸张的是，史弥远乘机伺间，颠倒是非，对皇位继承问题，上下插手，废赵竑，立赵昀，满足自己的权力欲望。南宋国政至此，江河日下，兵败如山倒，国破家亡，已是难以挽回了。

"当事势之难，能不失礼节"，说得颇为婉转，但言外有意。事势，类似前头说过的形势，当时，形势逼人弱，宋宁宗左右为难，很多话不能说明，很多事身不由己，所以"当事势之难"。更重要的，赵汝愚这些人做事，许多关节都打点好了，唯独宋宁宗似乎事前并未参与，更不是主动策划者。

根据国内学者李超的研究，他在《南宋宁宗朝前期政治研究》一书中，反复考证，就宋宁宗自己看来，办得仓促，很多人都未能预料，以至于措手不及，当时宰相留正甚至弃职逃出皇城。

更不用说事发之前，宁宗根本没想到会在禫祭这天，被拥立登基。整个过程，似乎总有些硬来，赶鸭子上架的味道。可以说，宋宁宗始终觉得，自己是被操纵的木偶，强迫上台。

依照《宋史》的评价，宋宁宗"初年以旧学辅导之功"云云，我们还会再详述，暂且不表。倒是后来韩侂胄、史弥远这些人用权擅事，窃弄威福，国势日下，而宋宁宗"耄荒"。请注意，宋宁宗昏庸荒废政事，并非此时才开始。在许多人眼里，宋宁宗心智迟开，反应缓慢，说话不便，实在不太聪明。

不过宋宁宗即位初期，与赵汝愚等人相处，也有段甜蜜期。这也是《宋史》"初年以旧学辅导之功"的意思。像是陈傅良、彭龟年、罗点、黄度等人，就赵汝愚等之类的自己人看来，都是正人君子，学养醇厚，是治国之良材，本朝之忠臣。

特别是朱熹。

宋宁宗即位没几天，就想见见朱熹，朱熹此时本在知潭州任上，随即入朝，途中又接到出任焕章阁待制的命令。朱熹以经筵侍讲的身份，在某种程度上，有种帝王师的氛围。宋宁宗自己也很想听听朱熹对正心诚意、格物致知的意见。

朱熹除了感激圣恩浩荡之外，更多的是期待。就如我们在上一章提到的：得君行道，一向是儒者志向所在。朱熹在给蔡元定的信中，就说当今皇上（宋宁宗）虚心好学，主上若有需要，我们当然是全力以赴，夙夜强学以待问，怀忠信以待举。希望有此机会，天作之合，上下同心，为往圣继绝学，为万世开太平。

赴经筵入都，除了朱熹自己，他的学生对此机遇，也是相当兴奋。汪莘写信给老师朱熹说，先生一进都，在皇帝身边，时刻进言提醒，眼望未来，国家富强，举日可期；兵健马壮，指日可待；主上父子，人伦有常，更是来日不远。他的弟子杨万里，甚至连儿子杨长孺都在来信中，探问朱熹该如何得君行道。

朱熹当然是饱读诗书的，在他心中，书不能乱读，也不能随心所欲，毕竟圣贤之书，有道存焉。若不能体会经典之意与圣贤之道，则读书无用，甚至自误误人。儒家经典，乃入道之钥，可是道究竟如何存在于经书之中呢？

我们如果借用海德格（Martin Heidegger）的说法，在朱熹、陆象山等儒者看来，儒家经典，其实就是"辞命"，乃是"性命意义的存有"。这种表章成言，具有启示的力量，可以在宇宙世界中，道出存有的真实面貌，醒悟自己，并与整体世界响应。

基本上，朱熹教人为学，必教人读书，读书是格物穷理的重要项目。读书，首在虚心，从书中文字明白晓会，然后要专一，虚心诚意，循序渐进。读书作为一种日用功夫，可以变化气质，反复体验。

就朱熹看来，要做到孔子所说的毋必、毋意、毋固、毋我，有了这些能力，读书才不会读出一堆偏见与成见，才能就书观书，还圣贤本来一个真面目。但是，也非先完成修养功夫，才能读书，而是读书就是涵养，涵养就是读书，两者为一事。

因此，朱熹的读书之道，扣紧其功夫论述。这种读书法，并非一般知识意义下的认知活动，读书所体悟的理，是就自家性命来讲的。读书是为了安身立命，而安顿身心，又不能不靠读书，因此读书所引发的"认识"与"修养"，并非二分，实乃相辅相成，缺一不可，也就是朱子所谓"须是存心与读书为一事"。

道学家读书，其实是把读书变成了一种存有的实感，可感发读者心性苏醒，感发天地万物，于是从自己到整个外在世界，活泼泼地洋溢着生机与完满。朱熹与宋宁宗见面后，呈上的第一札，是对宋宁宗成为圣贤之君的期望；第二札，便强调这些读书之法，居敬持志。

不过，宋宁宗对赵汝愚、朱熹等人友善，不代表对待其他人就不好，例如韩侂胄他们这个群体。

而韩党，成员正在增加。

赵汝愚，当然是强势的。在他心中，或许从始至终，都觉得这个年轻皇帝需要"道学型士大夫"的扶持、帮助成长。

赵汝愚想掌权，韩侂胄也想成功。是的，你赵汝愚现在上位了，有权有势了。我韩侂胄也要上位啊，逼不得已，我俩冲突时，我只能除掉你，我想要你现有的一切，或者更多！

可是，等你韩侂胄上位了，有权有势了，史弥远也想要你的一切啊！记得以前读过一本历史的小书，书名就叫《历史的回旋》。其实，类似的事情一再发生，这不是宿命，而是因为人性。你尝过，我也想尝尝。你得到，我也想得到。你得之不善，处之不易，晚节不保，不代表我也会是如此。也许是你太笨，不过我比你强比你懂，不代表我会跟你一样，我不一定会重蹈覆辙。

我们最喜欢引用黑格尔的名言："人类从历史中学到的唯一教训，就是人类无法从历史中学到任何教训。"（出自《历史哲学》）赵汝愚、韩侂胄、史弥远都没有学到任何教训吗？

黑格尔的话，当然不是这样理解。他的意思其实是说，萧条易代，每个时期，每个阶段，环境都不同。西方哲人，总是说不能两次踏进同一条河流（No man ever steps in the same river twice），逝者如斯，不舍昼夜，既已抽足，自非前流，我们不可能重复一模一样的事情，所以发生的情境、细节，各有殊异。我们不能用历史上归纳出来的一些法则，笼统地按表操课，依序实践。

历史的教训，就是不能拘泥，不能真的把历史当成天条，食古不化，而缺乏相应脉络化的理解。只是问题在于，自知者明，这些人了解事情的细节、处境、情况吗？身在庐山中，常常当局者迷，这种迷惑往往也导致自己终将不幸。或许，历史的回旋，历史的教训，并不是说什么专权夺权者死，而是说明了一个道理：要随时保持清醒，真的太难了。

赵汝愚曾经清醒过，所以绍熙内禅事件，快狠准，下手独到。他在宋宁宗即位初期，确实也想做些改革，例如加强对某些地区知州的考核等。韩侂胄也曾经清醒过，所以他把赵汝愚斗下台。韩侂胄早年的时候，因为父亲（韩诚）的关系，曾任阁门祗候、宣赞舍人、带御器械。到了淳熙末年，宋孝宗晚年部署之际，则是官至汝州防御使知阁门事。

绍熙内禅成功后，宋宁宗本想重用赵汝愚。赵汝愚以退为进，对宋宁宗说："吾宗臣也，汝外戚也，何可以言功？惟爪牙之臣，则当推赏。"于是宋宁宗加郭杲节钺，韩侂胄则是升官，成了宜州观察使兼枢密都承旨。

为什么说赵汝愚以退为进呢？因为他已经安排好了后路。他希望把留正召回。留正是"道学型士大夫"的要角，虽然在内禅的处理上，与赵汝愚有分歧，幸好不是什么致命的摩擦。他回任丞相，一来可延续赵汝愚的路线，不至于失势；二来赵汝愚刚主办完成内禅的大事，也可借此暂避风头，躲开一些政治陷阱。

不管如何，赵汝愚都希望"道学型士大夫"能保有实力，甚至更进一步主掌朝政，对他对留正等人都是大有好处的。所以才说以退为进。赵汝愚看似不居功、谦让，其实是更添实力，如虎添翼，"看似一无所有，却是样样都有"。

这种政治安排，日后史弥远也玩了一次，更厉害更成功。

不过，赵汝愚失败了，明眼人早就看出他的意图，起码韩侂胄等人就发现了。关于韩侂胄，《宋史》本传说："（韩）侂胄始觖望，然以传导诏旨，浸见亲幸，时时乘间窃弄威福。朱熹白（赵）汝愚当用厚赏酬其劳而疏远之，（赵）汝愚不以为意。"

"道学型士大夫"，如朱熹等人看出了不妥，希望赵汝愚能正视并处理隐患韩侂胄，给些重酬，快点打发就算了，只是都不了了之。或许赵汝愚没把韩侂胄放在眼里，或许他心有怜悯，或许他不以为意。

其他人倒是开始行动了，机敏如韩侂胄，此时还清醒得很。

韩侂胄准备要反击了。

三、善未亦察，理未亦明

上一节提到，绍熙内禅之后，赵汝愚看似功成不居，实则另有安排。偏偏留正来去之间的处理，早被政敌识破。许多人反对留正回朝，理由也是义正辞严：你在紧要关头"烙跑"（就是逃跑的意思），现在抓你回来，是要治罪的，哪有再回锅继续登宰相的道理？

这个反对，有情有据，有理有义，实在不好反驳。不过，对赵汝愚而言，最好的方式，不是解决问题，而是处理提出问题的人，于是赵汝愚把这个异议者调职，要他闭嘴。但是，不单单是一个人的意见，不同意的人数实在不少。韩侂胄就牢牢抓抓住矛盾处，兴起舆论，激起大浪花，导致留正终于还是去职。

弃职出逃一事，实在不光彩，留正不正，终于留正留不住了。赵汝愚被识破了把戏，暂时无法可想，也没有太多回转的余地，他只好自己跳下来，要确保计划进行，要确保集团无忧，要确保权势无损，他不得不亲自出任右丞相。

赵汝愚跟韩侂胄的梁子，算是结下了。

偏偏也在当下，"道学型士大夫"，如朱熹等人，都不喜欢韩侂胄。朱熹入朝时，经筵侍讲，一跃为帝王师，他总觉得韩侂胄有问题，为人不正，思想不纯，满脑子功名利禄、富贵发财、歪心思、坏脑筋。

黄度甚至打算弹劾韩侂胄，保密功夫却不到家，先行一步被韩侂胄察觉，韩侂胄先下手为强，除掉黄度。朱熹倒是成功上达天听，引起了韩侂胄大怒，故意找了几个优人戏子，污辱朱熹，朱熹觉得士可杀不可辱，怀恨在心。

此外，朱熹还打算跟彭龟年联手，一起对付韩侂胄。本传说彭龟年在附奏中说："始臣约（朱）熹同论此事。今（朱）熹既罢，臣（彭龟年）宜并斥。"以自己宁愿去职，也要宁宗处理此事。

不料得不到回应，彭龟年看到韩侂胄权势愈大，更不顺眼，正义感爆棚，于是又上奏说："进退大臣，更易言官，皆初政最关大体者。大臣或不能知，而（韩）侂胄知之，假托声势，窃弄威福，不去必为后患。"

假托声势，窃弄威福，彭龟年与朱熹等人，觉得韩侂胄就是这个死样子，满脑子功名利禄、富贵发财、歪心思、坏脑筋。为国家计，为社稷着想，应该除去才是。

同一个人（韩侂胄），在宋宁宗看来，却觉得韩侂胄是自己的好帮手，用人不疑，疑人不用，你说他满脑子功名利禄、富贵发财、歪心思、坏脑筋，我倒觉得他满脑子尽忠为国、体贴上意、充满正能量，宋宁宗对韩侂胄的信任，已是坚定不移。认为韩侂胄根本不像朱熹、彭龟年说的那样。

韩侂胄知道了这些事，对赵汝愚这些人，更是深恶痛绝，欲除之而后快。

没多久以前，还共同策划政变；没多久以后，两方翻脸，另一方再度策划政变，要推翻曾经的盟友。

历史的回旋啊！

韩侂胄先跟赵彦逾联手。前面提过，赵汝愚办成了绍熙内禅，禁军是关键，又是靠赵彦逾的交谊以及口才话术搞定的，赵彦逾此时对赵汝愚显然也颇有不满，韩侂胄与赵彦逾一拍即合，决定合作。

赵彦逾等人决定要弹劾赵汝愚，由李沐、何澹、谢深甫、胡肱等人出手。不过，反击必须有力，不能给赵汝愚等人有东山再起的机会。弹劾的重点，也必须打在宋宁宗最在意的地方才可以。

结党营私。

重点是这个党，还不能是宋宁宗喜欢的。

彭龟年弹劾韩侂胄，失败；赵彦逾弹劾赵汝愚，成功。是后者有理有据，前者无理取闹吗？不，两方其实都有道理，也可说是正义举动。差别在于：谁正中宋宁宗的真正想法？谁的说法，才算是懂了宋宁宗的需求？

说服之术，让我们想到一则故事，真实发生的历史。《史记》里有《商君列传》，商君就是商鞅，商君者，卫之诸庶孽公子，名鞅，姓公孙氏。他有好几次面见秦孝公的机会，多次交谈，秦孝公都瞧不上他，并未真的把他当人才看。

机会一再错失，商鞅很着急，却仍未放弃。

因为秦孝公在观察他，他也在试探秦孝公。言语举止间，他要抓住重点，要知道秦孝公到底要什么。自知者明，知人者智，他终于发现了关键，于是他一改前数次的主题——帝道、王道，开始大谈霸道。这次可说进了秦孝公的心坎里，多次交谈、深谈、恳谈，秦孝公愈听愈入迷，不知不觉身体直往前。这样的举动，是一种专注、信任、期待的身体语言。

商鞅后来跟人分享几次成功的谈话，意思是说：他一开始对秦孝宗公帝道、王道，比拟三代。秦孝公觉得这些话没错，但是要花太多时间了，耗日费时，他等不及了：言下之意，他希望尽快成功，要有效率。商鞅明白了，所以他以强国之术，就是霸道，来跟国君建言。三代好不好？当然好；殷周之德好不好？当然也很好。如果这些都不是秦孝公想要的，方法再好，口条再流利，举例再生动，又有何用？

要抓到别人想要的，你能给，你该怎么给，你能给多少，一来一往，深入重点，才是成功的说服之术。用苏轼《上富丞相书》的话来讲，就是"进说于人者，必其人之有间而可入，则其说易行"。

赵彦逾等人要反击赵汝愚，又该怎么做？说服之术，该如何玩？

值得一提的是，相较于朱熹等人，在宋宁宗面前总是摆出一副"师道"的长辈威严与态度，李沐的说话方式、应对进退，则是言语得体，听了舒服。

两相比较，简直天差地别。

如果你是宋宁宗，你愿意多跟谁相处？

看懂了吗？好为人师与轻视，常常在一线之隔。

庆元二年（1196），赵汝愚担任丞相，也不过半年多，就在李沐弹劾之下，罢相去职，外放到福州，远离权力中心。没过多久，又被何澹、谢深甫、胡纮再次弹劾，似乎颇有韩愈"一封朝奏九重天，夕贬潮阳路八千。欲为圣朝除弊事，肯将衰朽惜残年"的壮烈与牺牲之感。

李沐这些人，差不多都是韩侂胄的人马。李沐时为右正言，基本上是负责提出各种谏言的。韩侂胄运用这种官职特性的技巧，斗倒赵汝愚，基本上也是接受赵汝愚政敌们的建议。

例如刘弼，曾与韩侂胄同知阁门事，基本上是同路人，对自己的才干才华颇有自信，赵汝愚没有直接得罪过他，但绍熙内禅时，他并未参与其内，就使得自负的他，对主事者赵汝愚深为不满。他对韩侂胄分析当前局势说，赵汝愚已拜相，自然是想大权在握，一人之下，万人之上。留正一事，你已得罪于他，恐难善了。韩侂胄深有同感，回问，该如何应对处理这家伙？刘弼认为应该要技术性地反击："惟有用台谏尔。"韩侂胄一听，好像有点懂，似乎又不太明白，到底要如何运用？刘弼回答："御笔批出是也。"韩侂胄大悟，一点就通，一听就懂，于是以内批的方式，以刘德秀为监察御史，杨大法为殿中侍御史；并罢免监察御史吴猎，以刘三杰来取代。

监察御史、殿中侍御史等，在中国官制史上，尤其是唐宋，台院、殿院和察院，都属于御史台管辖，旗下有殿中侍御史、侍御史和监察御史，同属为侍御，都是言官。监官和谏官，古称台谏，通称言官。负责监察百官，并适时对君王提出谏言。

韩侂胄这种安排，极为精密，自此形势大好，本传说："于是言路皆（韩）侂胄之党，（赵）汝愚之迹始危。"

在此，我们要解释一下，何谓"御笔批出"。基本上，御笔、御笔手诏的形式以及政治意义，多源自北宋宋徽宗时期，大量出现的御笔、御笔手诏的文书。

宋徽宗的"御笔"，基本上有两种意思：一是指皇帝亲笔；二是一种特定的文书，就是内批。内批就是从禁中发出，并以皇帝名义批出的命令。这种意思，还包括了"手诏"的概念，就是"御笔手诏"。

"手诏"与"内批"，相较之下，仍有差别。首先，手诏属翰林内制，常常出自翰林学士之手，不一定非是皇帝亲笔不可。至于内批，多为皇帝自己的批示，或是由内夫人代批，内容也比较简短简洁，用词遣字，也不像其他文书，刻意讲究。当然，宋徽宗时的御笔，就流程以及行下方式来看，其实就是之前的内批。

宋徽宗时代，他刻意突出了"御笔"的意义，在此之前，内批本来由皇帝，或者是由内夫人代笔，御笔则强调内批出自皇帝亲书、亲笔。再者，"御笔"往往要求呈现皇帝原笔笔迹，惟妙惟肖，因此在政治宣示上，比之前的内批更有象征性：命令出自皇帝本人，权力来源至高无上且正当合法。宋徽宗以后，"御笔"名义依然延续，但因时制宜，意义略变。

总之，经过宋徽宗的宣传使用之后，"御笔"已被视为亲笔内批的专称，从北宋到南宋，持续不变。

因此，刘弼所谓的"御笔批出"，言外之意，就是要韩侂胄从宋宁宗下手，借由宋宁宗对他的信任，塑造自己受害者的氛围，打击对手。这时的"御笔"，到底是宋宁宗亲笔，还是由他人模仿笔迹，宋宁宗押字宝批，还不一定。

重要的是，对韩侂胄而言，君主亲笔，意味着皇帝对他的信任与重视。圣意眷顾，政治意涵，非比寻常。再者，宋宁宗自己参与其中，信任他人，同时也感觉被臣下信赖，彼此交谊，上下关系，更是加深。

韩侂胄对于这招儿，得心应手，玩得非常熟烂，以至于后来真正掌权之后，许多对他的批评也是："己所欲为，不复奏禀，径作御笔批出。"党羽已成，各就各位。李沐等人，接连弹劾，攻击力道，一次比一次猛烈。这些人，是怎么说动宋宁宗的？我们提到过，绍熙内禅时，宋宁宗"当事势之难"，就点出了宋宁宗当时的处境以及他与赵汝愚等掌权者微妙的互动。

束景南在他那深具功底、用力甚深的大书《朱子大传："性"的救赎之路》中说朱熹在经筵侍讲时，曾跟宋宁宗面陈四事，措辞语气常常过分，毫不客气地教训宋宁宗，问他自己与宋孝宗相比，谁比较聪明刚断？谁比较练通达？又痛心疾首地批评宋宁宗以来的许多施政。

束景南的判断，认为入都以来，朱熹在宋宁宗心中的形象已大有转折。在此之前，或许还抱着许多欣赏，甚至崇拜；在此之后，则多是愤怒与不满。就宋宁宗看来，朱熹简直就是一个面目可憎的伪道学家。宋宁宗与韩侂胄都还在隐忍，没有发作，在等待时机，让他们狠狠地受到惩罚，一举拿下。

束景南的分析或有道理，也可能遣词用字比较强硬，以至于有点夸大了。朱熹说的固然是实事，是否因此就被宋宁宗怀恨、痛恨，视作面目可憎？都还有讨论的余地。

毕竟，一个巴掌拍不响，很多事情是比较而言的。要互相比对来看，才能看得清楚。韩侂胄这些人，与赵汝愚、朱熹等人，跟宋宁宗的相处方式、说话语气、行为举止，想必是很不同的。

道理人人会说，关于形势，很多人也可以看得很清楚，但是说服之术，因人而异，或软或硬，或屈或伸，你一定要打中宋宁宗在意的点，设身处地为他着想，同情地理解他的问题：

赵汝愚把父亲的皇位搞掉，虽然是我（宋宁宗）当了皇帝，事前却几乎是一无所知，是他们专断独行，根本不是我自己做主；事后赵汝愚又不断援引"道学型士大夫"为党，偏偏"道学型士大夫"，如朱熹、彭龟年等人，自居君子，莫名其妙，对韩侂胄有许多偏见成见，韩侂胄可是自己最信任的人，他们难道看不出来？

就这么不把我放在眼里？

朱熹这些家伙，我也算对你们不错，已经颇为尊重，该有的礼遇也不缺，干吗老是在我面前摆姿态？自以为人师？你真以为是我老师？是老师又怎么样？我可是皇帝啊！自己口才已经不甚好，又有宗室前辈赵汝愚跟他的一群人，总是挡在自己面前，说那个人不好，说这个人很糟，唠唠叨叨，自以为是。每次我没讲几句，他们就引经据典，用各种方式反对，我谁也讲不过，他们根本没有真正站在我的立场，真正为我好、为我想过。

韩侂胄就不同了，说话总是说中我心坎，在他们身上，我终于感觉自己像个皇帝。臣下就该多为皇上想想，总没错吧？李沐等人的说法，非常正确，极有道理：赵汝愚以同姓居相位，瓜田李下，本已不妥。偏偏又企图趁我父亲生病时，以周公之位自居，独断独行，擅自废立，为自己包揽虚名，结党营私，自以为功劳极大，厥功至伟。

对啊，李沐他们说得对极了。

你，赵汝愚，到底凭什么？你到底有没有把我放到眼里？李沐、何澹、杨大法、刘德秀说你是"自恃有恩""无君之心"，对极了，完全没错啊！

不，不对，不只是赵汝愚。跟你交好有关的那些人，应该都是这样想的：朱熹、沈有开、徐谊、薛淑似有关人等，都不是啥好东西。

不，不对，不只是这些人而已。韩侂胄说得没错，赵汝愚的同党，都有问题，他们总是以"道学"自称，这个是君子，那个是好人，互相标榜，商业互吹。说到底，不过就是党同伐异，太看得起自己，瞧不起别人罢了！不然朱熹、彭龟年、黄度、李祥、杨简、吕祖俭，还有一群太学生，杨宏中、张衙、徐范、蒋傅、林仲麟、周端朝，为什么总是帮赵汝愚讲话，跟韩侂胄过不去？

他们啊，读圣贤书，所作所为，都莫名其妙，简直糟蹋古圣先贤。韩侂胄，你说他们是"伪学"，太有道理了！韩侂胄，幸好我身边有你！

对了，读者们也别忘了，韩侂胄与宋宁宗的韩皇后是亲属，可是宋宁宗的亲戚啊！自家人帮自家人，宋宁宗这样想，也不为过。

从宋宁宗立场着想的贴心举动，韩侂胄这些人，能不成功吗？

庆元党禁就在这种情况之下出现了。根据李心传《建炎以来朝野杂记》甲集卷六:《学党五十九人姓名》，党禁名单一共有 59 个人。姓名官位如下：

宰执 4 人：

赵汝愚（左丞相） 留正（少保，观文殿大学士）

王蔺（观文殿大学士，知潭州） 周必大（少傅，观文殿大学士）

待制以上 13 人：

朱熹（焕章阁待制兼侍讲） 徐谊（权工部侍郎）

彭龟年（吏部侍郎） 陈博良（中书舍人兼侍讲兼直学士院）

薛叔似（权户部侍郎兼枢密都承旨） 章颖（权兵部侍郎兼侍讲）

郑湜（权刑部侍郎） 楼钥（权吏部尚书）

林大中（吏部侍郎） 黄由（权礼部尚书）

黄黼（权兵部侍郎） 何异（权礼部侍郎）

孙逢吉（权吏部侍郎）

余官 31 人：

刘光祖（起居郎兼侍读） 吕祖俭（太府寺丞）

叶适（太府少卿，淮东总领） 杨方（秘书郎）

项安世（校书郎） 沈有开（起居郎）

曾三聘（知郢州）　游仲鸿（军器监簿）

吴猎（监察御史）　李祥（国子监祭酒）

杨简（国子监博士）　赵汝谠（添差监左藏西库）

赵汝谈（前淮西安抚司干官）　陈岘（校书郎）

汪逵（国子司业）　范仲黼（著作郎兼权吏部郎官）

袁燮（太学博士）　田澹（宗正丞兼权工部郎官）

孙元卿（国子博士）　陈武（国子正）

詹体仁（太府卿）　黄度（右正言）

黄灏（浙西提举）　蔡幼学（福建提举）

吴柔胜（新嘉兴府教授）　周南（池州教授）

王厚之（直显谟阁，江东提刑）　李埴（校书郎）

孟浩（知湖州）　赵巩（秘阁修撰，知扬州）

白炎晨（新通判成都府）

武臣 3 人：

皇甫斌（池州都统制）　范仲壬（知金州）

张致远（江南兵马钤辖）

士人 8 人：

杨宏中　周端朝　张衎　林仲麟

蒋傅　徐范　蔡元定　吕祖泰

洋洋洒洒，韩侂胄似乎把对手一网打尽，赶到墙角，全包了。其实，这份名单很有些问题，我们在下一节会详谈。

四、大手一挥，庆元党禁

目前学界对于庆元党禁的叙述与研究，一般来讲，大概就是指庆元元年（1195），韩侂胄集团（也可说是"官僚型士大夫"）对于赵汝愚集团（也可以说是"道学型士大夫"）发起的政争。赵汝愚被弹劾，罢官免相，心有不甘，于是联合朱熹、彭龟年等人反击。

结果出师不利，宋宁宗并未站在他们这方，也导致"道学型士大夫"集团持续受挫，朱熹、彭龟年、陈傅良、刘光祖等被贬被逐，赵汝愚更是含恨而终。

另一方面，韩侂胄大权在手，升官晋爵，加开府仪同三司，并斥道学为伪学，禁止学书流传，禁止相关书籍刊刻，并以赵汝愚为伪学之首，朱熹等人名列"伪学逆党"，名单洋洋洒洒，共59人。到了宋宁宗嘉泰二年（1202），朱熹已离世，党禁渐弛，才追复赵汝愚官职，那些仍在世且名列党籍之人，也多先后复职。

但是，这种通史性的叙述，有些问题，不完全正确。有的地方说得很合理，有的地方有些瑕疵，需要更正。

在重探庆元党禁之前，我们必须先检讨、反省一种观点，那就是党禁并非目的，重点在于"官僚型士大夫"在打击政敌的过程中，充分利用了宋宁宗与赵汝愚的矛盾，由点而线而面，从小吃到大餐，从赵汝愚这个点辐射出去，牵扯愈多，愈绕愈大。

赵汝愚垮台，庆元二年（1196），赵汝愚被流放到零陵道经衡阳时，身体不适，病倒了。结果韩侂胄的人马——钱鍪，对赵汝愚刻意刁难，百般羞辱，不给好脸色，导致赵汝愚悲愤交加，抱病而死。

至此，以赵汝愚为首的集团"道学型士大夫"，也多数被逐，或失势，或变节，或流放，或消失政坛，或灰心丧志，或隐居回乡，或从此失业流浪江湖。

因此，所谓的庆元党禁，"道学"并不是初始的主要目标，"政敌"才是。"道学"只是怀璧其罪，被用来整肃的借口与理由。韩侂胄集团对他们的控诉，一开始是"逆党"，后便扩大追查，方便罗织，于是转而改口为"伪学"，就是最好的证明。

这种叙述与说法，当然没错，政治斗争才是重心，思想是次要的问题。其实事情也未必如此简单明了，事实上，从北宋"二程"开始，宋代就有类似的现象：政治重心与文化重心，在地理环境上常常分离，并不一致。

照理来讲，诸如两汉、唐代首都等，既是政治中心，也是文化主流所居之地。自从北宋熙宁、元丰（都是宋神宗的年号）以来，以洛阳为中心的文化主流人物，诸如司马光、邵雍、"二程"等，用邵雍的一首诗来说，他们在洛阳，真是"相逢各白首，共坐多清谈"。说到清谈，也许我们会想到魏晋清谈误国，因此联想到魏晋玄学，崇尚空虚，嘴上很会说，实际能力却缺乏等，其实很多学者早就指出：魏晋玄学、清谈、清议，是不同的概念，互有重叠，但独立的部分更多。更何况，清谈未必就是不切实际，更多时候，常常也是解释世界的重要力量。

当时的北宋洛阳，就聚居了这样一批人，与首都汴京（开封）作为政治权力中心不同。除上述提及之外，还有富弼、吕希哲、王拱辰等，他们或退居闲职，会准备东山再起，抑或是夙夜强学，待价而沽。

文化人聚在一起，自然不免要交流，要"沙龙"、要办学术研讨会。于是吟诗作对有之、谈性说理有之、共商国是有之，穷理、尽性、知言、养气、论政、说命、谈天。刚好与身处政治中心的开封，推行富国强兵的王安石等人，截然不同。

王安石等人当然也有思想，也讲学术，这是"新学"，但王安石与司马光不对盘，与"二程"也互看不顺眼。于是，新学渐渐变成洛阳知识分子们不可忽视的他者，学术竞争、思想对话、解释世界的对手。

特别是"二程"的观点，经由诸如谢良佐、杨时、吕大临的传播与发明，遍地开花，影响直至南宋政坛，一时之间，也成了批判政治、关怀现实、企图改变世界的思想资源。

我们在前几章便说过，南宋政局，有时或许混乱不堪；南宋外交，更常软弱无力。但不代表南宋国弱，百姓皆苦，生气全无，行业荒废。事实上，南宋经济发达，商业盛行，许多大城市更是灯红酒绿，纸醉金迷。伴随这种现象的，便是交通方便、讯息传播快速等，更别说当时印刷出版业发达，文化人聚会、交流、讲习等，都是常事。

不只南宋，就连北宋，都被专攻全球史研究的剑桥大学博士，现为斯坦福大学讲座教授的伊安·摩里士（Ian Morris）誉为当时世界最强的国家，在他的《西方凭什么》这本书中，称北宋的经济能力，包括农业产量、漕运效率、资金流通、市场规模，特别是纺织业与煤业、铁业，都远远领先西方。

不过，伊安·摩里士没注意到，也没谈到的是，北宋时期，政治中心与文化主流分离的状况，延续至南宋，甚至愈演愈烈。不同于北宋的地域性分离，到了南宋，形成了我们一再说到的"官僚型士大夫"与"道学型士大夫"的纷争。论思想，他们各有渊源；论立场，也都能说出所以然，合理化自己；论人物，各有支持者，引经据典、博览群书者，大有人在。

所以，与其说庆元党禁是起于政争，思想只是其次，不如说就因为思想差异，路线不同，开始突出各自的党派属性。而身处权力旋涡，彼此的立场差异难以共泯，权力欲望难以共融，彼此更不可能好好共事，一起打拼。

而皇权的性格与成分，诸如宋孝宗与光宗的问题等，更是难以预料——于是庆元党禁出现了。

从上述提及的诸多因素来看，从逆党到伪学，看似许多偶然，放远来看，似乎又是必然。

我们接着分析庆元党禁的实情。

首先，党籍名单，一开始的人数就是 59 人吗？这些党禁榜单上的人物所受的罪刑轻重是否有别？韩侂胄与他的小伙伴们，真的下了重手，把所谓"道学型士大夫"，一个也不放过，政治追杀，一网打尽？

其实，所谓的 59 人名单，乃是李心传在宋宁宗嘉泰二年（1202），党禁渐松，不再像之前那般风声鹤唳之后，在朝廷这些年所制定的党籍基础上，以许多主观的原因，又添上许多人，最后才形成了名单。换句话说，59 个人，当然不是虚构的，只是一开始，他们从没真正聚在一起过。

李心传，字微之、伯微，世称秀严先生，隆州井研人，对史学用力甚深。他的立场，从他的著作中，便可以看得很清楚，他是属于"道学型士大夫"的。他曾效仿李焘的《续资治通鉴长编》体例，编成《建炎以来系年要录》，又曾为史馆校勘，与魏了翁、许奕等人修纂《中兴四朝帝纪》。他自己的作品有《建炎以来朝野杂记》《学易编》《诵诗训》《春秋考》《读史考》《旧闻证误》《丁丑三礼辨》《道命录》《西陲泰定录》等。其中，又以《道命录》最受后世研究者重视。

李心传在他的《建炎以来朝野杂记》《道命录》中说，在宋宁宗庆元三年（1197），收录 59 个人名单，如本书上一节所引。名单固然有名有姓，却不代表就通过朝廷认可，确定实行。在"学党 59 人姓名"条文中，这个"庆元三年十二月丁酉"的庆元党禁人员表，由王沇建议，颁布伪学名单，传布天下，一并惩处，以示公听。不过经过当代学者李超的考证，王沇的举动引起黄由反对，党籍虽有公布，黄由随后也被罢官，王沇的建议倒是终未实施，并没有正式颁定，诏告天下。

李心传的写法，容易引起误会，显然是刻意的。他以史家的身份，或许也是因为自身立场，偏袒"道学型士大夫"。他制造了这样的印象：庆元党禁，是由韩侂胄跟他的集团手下制造出来的，朱熹等人名列党籍，遭受不公，自然也跟韩侂胄有关。

李心传的目的，是希望把庆元党禁，与北宋元丰八年（1085）宋神宗去世；宋哲宗继位后司马光任宰相；反对蔡京，以至于遭受打压为元祐党人，终获昭雪并得到平反的"元祐党籍"，做出联结。

前有蔡京，后有韩侂胄；前有元祐党籍，后有庆元党禁；彼此虽无因果关系，却在正义与天理上，互有应对，天理昭昭，含冤得雪，显然是前后呼应。

当然，我们也别因此认为韩侂胄委屈，被污名化，就像秦始皇、曹操一样，"天下之恶皆归焉"。韩侂胄是南宋几大知名权臣之一，玩法弄法枉法知法犯法，本来名声也好不到哪儿去。更何况，庆元党禁是政争，输了的一方不代表就是正义，赢了的人也不代表你是光荣的。但也不能立场过度偏颇，把韩侂胄看成了恶魔转世，是来消灭人类的。

其实，就韩侂胄看来，因为思想差异，立场不同、路线不合，是问题的重点。所以自始至终，他的最后目标在于：把赵汝愚等人排除政治中心，这才是最重要的。是否赶尽杀绝、他们是否不得好死；"道学型士大夫"集团到底有多少人；哪些是忠贞分子，哪些是流离分子；哪些是比较好的人，哪些是天性凉薄的无赖；似乎就不是韩侂胄所关心、应该在乎的了。

让"道学型士大夫"团灭，身首异处，似乎不是韩侂胄可以做到的事，也并非韩侂胄愿意做的。不要让他们东山再起，也就够了。

然而讽刺的是，党禁能不能解，还是在于韩侂胄本身够不够清醒。要知道，权力让人腐化，绝对的权力，让人绝对的腐化，这点我们稍后再谈。还是先来看看韩侂胄怎么把人排除，禁止进入权力核心吧！

根据《宋会要辑稿》所示，在宋代相关黜降法等条文与案例中，被黜者，往往有编管、安置、责令居住、除名、勒停、冲替、差替、放罢等。在庆元党禁中，也被用在了这些人身上。

所谓的"编管"，就是制作名册，对于名单人员进行各种管制，庆元党禁的名册，就是这样的意思，当然经过前头的说明，我们知道名单并未正式刊布，当然也从没有真正实践。

"安置"是比较好听的称呼，其实就是流放、贬谪。苏轼有《到常州谢表二首》，就说："先蒙恩授汝州团练副使本州岛安置，巡上表乞于常州居住"，意味着被贬到常州，苏轼希望就固定下来，舟车劳顿，路途遥远，人困马乏，身心倦怠，希望不要再移动了，上书请求居住，所以又有《乞常州居住表》一文。

"责令居住"，基本上以内地州军为主，宋代统县政区是有"府、州、军、监"四种。许多的"责令居住"，还可以自己找地方住，官府不会刻意派人押送，当然你还是被管制监控的，如上面说到的苏轼。

上述所讲的几种，不管是哪个，基本上是被限定自由的，不能随意移动。

"除名"，顾名思义，就是删除官籍，变回老百姓。"勒停"，撤销职务。"冲替""差替""放罢"几种，主要适用对象是地方性的官员。"冲替"和"差替"在北宋较常使用，到了南宋，多以"放罢"来称呼。基本上多是罢官的方法，只是处罚程度有别。

庆元党禁的处罚结果，诸如赵汝愚是"永州安置"，留正是"居住"，周必大是"降一官"，朱熹"落职罢祠"，徐谊"南安军安置"，陈傅庭"追三官勒停"，楼钥"褫职罢祠"，林大中"落职放罢"，蔡元定"道州编管"……

如虞云国《南宋行暮：宋光宗宋宁宗时代》所分析的，59人的名单，其中大概有三分之一的人跟道学无关。但所谓的关系，跟是不是道学，其实不最重要，重要的是韩侂胄排除异己。因此我们可以看到一个重点：绝大多数都是被罢官，回家睡觉。

另外，我们也可以归纳出一些现象，也就是韩侂胄排挤党人的一些原则。首先，是贬官的，仍继续任用，只是可能被移至地方，不在中央政府，如郑湜、陈岘、周南。再者，是罢官的，回家自己想吃饭的事。以朱熹为代表，还有黄度、杨方等。最后，是坐牢的，59人中只有一个吕祖泰。此外，彭龟年被"勒停"；留正则是"限制居住"；赵汝愚先是被"安置"，最后又被对手羞辱，暴病而终。徐谊、吕祖俭也是"安置"。既被编管又被流放的，则是杨宏中、林仲麟、徐范、周端朝、蒋傅等人。

当然，没有人愿意被处罚，何况也不是真的犯了什么罪、做了什么伤天害理的事。完全就是政争失败，跟正义公平光明没有太大的关系。如若今天是赵汝愚成功了，那就轮到韩侂胄等人被贬被罢，被贬官、安置、责令居住、除名、勒停、冲替、差替等等了，实质不变，还是政争而已。

相较于前面提到的元祐党籍数百人受牵连，庆元党禁，还是略温和的。北宋崇宁四年（1105），宰相蔡京甚至还主张，应该立碑将这些人刊刻于上，永远要世人记得，使其丑名难堪，要一世、二世，以至于传于万世。宋徽宗同意了蔡京的主张。于是司马光、文彦博、吕公著、苏辙、苏轼等，一共309人列为元祐奸党，在端礼门立了碑。

不只如此，蔡京觉得还不够，普及程度还不高，又下令在全国都必须刻碑立石，非要成为微博热搜、脸书焦点不可。列名于碑上的人，或大名鼎鼎，或刚正不阿，或倒霉被捕，或才华绝顶。不管如何，他们或囚或关，被贬的愈贬愈远，被强迫退休抑郁而终的多有人在，甚至子孙代代不许为官。

相较之下，庆元党禁时期，那些被罢官回家限制居住的人，好像也没有那样听话。朱熹、蔡元定、吕祖俭继续讲学，互通书信论政论学术，继续骂政府、批评时政。韩侂胄这些人，好像也不是很在意。陈傅良、彭龟年，就低调多了。似乎多是闭门读书，不问世事。

陈傅良是谁？叶适对他推崇备至，就叶适看来，陈傅良是永嘉之学的推手。学界追溯永嘉事功学派的兴起，可从北宋王开祖起始，后经九学士传播，其中以传洛学、关学入永嘉，并产生重大影响者为周行己，私淑弟子郑伯熊则是承先启后的人物，又有薛季宣、陈傅良等人，到了叶适，更形成全祖望所说，"与朱熹、陆象山二派，遂称鼎足"。

叶适曾作《温州新修学记》，追述薛季宣、陈傅良，说郑伯英（郑伯熊之弟）曾感叹当世道丧文弊，以致问学事功，歧而为二，不是"学不适用，用者无学"，所学难以实践用世，用世者又缺乏学问积蕴，不然就是"为己为人，在在乖错"。

薛季宣则不然，学问事功兼具，做人与做事未分："公之探讨，专用律身。推而放之，于以及人。纵论今古，衮衮忘疲。旁及制度，援笔而图……治官训农，理财练兵。厥有成算，亶其可行。"可见学问事功多为时人看重，可惜40岁便已身故。至于陈傅良，师从薛季宣，历任宋孝宗、宋光宗、宋宁宗三朝，仕途未遂，际遇坎坷，壮志难以完全施展，即便如此，仍不减经世之志。全祖望就说陈傅良得之于师，后出转精，青出于蓝，更为平实笃厚。

陈傅良的学友楼钥，也说薛季宣考订千载，井田、王制、司马法、八阵图等，名物度数，实事求是，考证精密，可见诸实用，陈傅良随其从游甚久，造诣自深，所以更能研精经史，贯通百氏，又关怀天下事，以斯文为己任："综理当世之务，考核旧闻，于治道可以兴滞补敝，复古至道，条尽本末粲如也。"叶适对薛季宣、陈傅良二人，极为推崇，所以才说故永嘉之学，必弥纶以通世变者，薛经其始而陈纬其终矣。"弥纶以通世变"也成了叶适自己论治的最重要宗旨。永嘉之学，或能作用，理应于世有所裨益，弥纶以通世变，是既能解释世界，又能改变世界的。

可惜因为党禁，陈傅良这些人全没机会了。

话说回来，比上不足，比下有余，相较之下，庆元党禁的处分，真的是好太多了，不是五十步笑百步的问题，根本就是高铁与慢车的差距。还有，庆元党禁的处分，并不是一开始就出现的，如果就虞云国先生的看法，他认为庆元党禁是一个不断升级的过程，庆元三年（1197）才是高潮，其后逐渐降温。

庆元六年（1200）左右，韩侂胄听从建议，把党禁渐渐放开，史书是这样讲的："张孝伯认为如果不松弛党禁，恐怕不力，担心日后可能会有报复之祸。韩侂胄听了，觉得有道理，于是追复赵汝愚、朱熹职名，留正、周必大也恢复官职还政，徐谊等人，也先后复官。伪党之禁，慢慢解开。"被处分的人，也未必会因此与韩侂胄等人势同水火，如遇寇雠、如杀父杀母之仇而不共戴天，也没有这样夸张。例如叶适，虽被降了两级，但当韩侂胄决定北伐，重新举起"恢复"的大旗之后，他与辛弃疾皆举双手赞成，只是叶适的北伐路线，不被韩侂胄接受而已。

所谓的庆元党禁，情况大概如此。以下，让我们暂时将视线离开韩侂胄，来谈谈朋党的问题。

五、从朋友到朋党

朋党到底对不对？应不应该有朋党？

从庆元党禁回观当时政局，且反思元祐党籍，我们似乎接触到了一个重要问题：同类人群聚，同声相应，同气相求。在当时，似乎就称之为"党"。

其实，党也是古代行政组织的称呼。一般通论性的书籍，对于党的解释大多为：地方组织的称呼。古时的规划，五百家为一党，五家为邻，五邻为里，四里为族，五族为党，五党为州，五州为乡。

行政组织的规划，扩而大之，加入人伦与人际的意义之后，就有了道德性的内涵，例如同乡为乡党，《论语》就有《乡党》篇。到了政治上，对待不同的政敌，又有了党禁、党籍的称呼，例如跟本书有关的庆元党禁、元祐党籍。汉代有所谓的"党锢之祸"。颜之推《颜氏家训》也说魏收等人"邺下纷纷，各有朋党"。

这种多是与文化人、知识分子有关的组织或集团，或许也跟自我意识以及群体意识的觉醒有关，即自我自觉与群体自觉。所谓的自觉，用余英时《中国知识阶层史论（古代篇）》的话来讲："即自觉有独立自觉精神个体，而不与其他个体相同，并处处表现其一己独特之所在，以期为人所认识之义也。"触发的管道，可能经由外在的刺激、偶然的因缘际会、书籍的阅读醒悟等，就是经由反省、觉悟之后，发现自己到底是谁，自己从何处来，自己又该往何处去。这是人类有知识以来，最喜欢探讨的哲学或是神学问题：我是谁，我从哪儿来，我该往哪儿去。

有意思的是，自我与他者的分别，大到种族、国家，小到寝室内谁跟谁比较好等，人类喜欢区分我群与他群，似乎是与生俱来的。所谓的"天生"，除了哲学、神学问题之外，更有生物学的实情——我们指的是大脑脑神经的作用。罗伯·萨波斯基（Robert M. Sapolsky）在《行为：暴力、竞争、利他，人类行为背后的生物学》一书中指出，人类从小就懂得区分异己，例如实验显示，婴儿时期就开始分辨自己种族的脸，三四岁的小孩就已经学会根据种族与性别区分人类。

因此，所谓的我群与他群，根据是：一、大脑的感官刺激，只需要数秒之间，就能处理群体差异；二、这种历程自动化地发生在潜意识之中；三、人有时会根据随机划分群体的倾向，并且常常将记号更深刻化、显著化。

以上三点，基本上是在区分异己的过程中，会膨胀、放大我群的核心观念或是价值观——例如，我们比较正义、正确合理、道德高贵，就有资格拥有或是取得等。

大脑的认知活动，甚至是情绪化反应，产生了对他群的归纳与想象、分析与推论他们的动机，并在言行举止之中，跟其他群者交流、建构，并更稳定自身的立场。于是，朋党伴随着哲学、神学、生物学、脑神经科学等各式各样的学科出现了。

或者是说，只要我们关注"人"，就很难不注意到"朋党"等的类似观念丛。

回到自觉这个问题。前面说到的叶适，他的文章《温州新修学记》中，追述薛季宣、陈傅良，再到他自己，明确说明自己的学问传承、学术性格以及受到的影响、未来的展望，就是一位个体自觉与群体自觉的例子。经过自觉反省，或许还是一样的问题，还是"朋党"的老路子，其实，更进一步来讲，有了自觉，反省知识，反省自己的知识结构，反省自己的知识结构的来源立场，我思故我在。因此朋党的结合，价值观的建立，往往更深刻了，层次也更上一层了，思想也变得更全面、多元了，人性的表现，有时也更显高贵。

就像西方哲人最喜欢说的，思考真理，重点不是答案，而是追寻的过程。这才是真正充满丰盈意义、人文厚度的关键。从自我到群体，自觉变成了："我们"是谁，"我们"从哪儿来，"我们"该往哪儿去。在许多朋党的相关问题中，"我们"的呼吁与主张不断出现。本书中所说的"官僚型士大夫""道学型士大夫"，显然就是如此。最明显的就是北伐和不北伐的争论。我们在之后的数章，还会不断谈到。赵如愚、朱熹、叶适有这样的自觉，韩侂胄当然也有。

北宋的欧阳修，六一居士，曾写过一篇文章《朋党论》，是给国君看的。他在文中说，朋党这种事，古已有之，见怪不怪。朋党常见，人人更是可能都有朋党，差别在于君子、小人之分。在讲解文章之前，我们先澄清一下，关于这篇文章的两个错误。欧阳修在《朋党论》说后汉献帝时，有党锢之祸，唐昭宗时，又有朋党舆论，残杀许多名士，这些都是中国史上的重要朋党问题。对于欧阳修的讲法，首先，党锢之祸发生在东汉桓帝、灵帝时期，不是汉献帝。汉献帝这辈子都被曹操一家人操纵，如扯线木偶，"挟天子以令诸侯"，没有实权的；唐代晚期，唐昭宗时代，所谓大杀名士，凶手是朱温。朱温动手之际，已是唐昭宗身后，死去之事，所以也不能说是"能诛戮清流之朋，莫如唐昭宗之世"。

回到朋党的问题，其实欧阳修的讲法，不免让人疑惑，理未易明，善未易察。试问，什么是君子，什么是小人？君子和小人的，标准是谁定的？是谁分的？在某些事上，君子可能变成小人，小人可能成为君子。当然，君子小人难分，不代表不可分。君子可互相标榜，商业互吹，结果表里不一，时穷节乃见，嘴上一百分，行动却是负的。

说自己是君子的，可能是诈骗，也可能是真的，品德、学识、眼光、谈吐、风度、仪态俱佳。这样的人，在"官僚型士大夫""道学型士大夫"里都有。

欧阳修继续又说了，再细分下去，君子的朋党才是真的，小人则未必。因此君子道义相交，以同道为朋；小人则否，以利为交。后者当利尽而交疏，则反相贼害。君子呢？则是"同道而相益，以之事国，则同心而共济，终始如一"。

欧阳修的讲法，好像过度二分法，非黑即白，太脸谱化了。仔细想想，好像有点道理，那些被斗倒的君子，有些被罢官，回家后仍继续努力，初衷不忘，即便他们无权无势，难以改变政策，却可以著书立说，流传后世。欧阳修说"所守者道义，所形者忠义，所惜者名节"，真的是有真知灼见。

反过来说，不论君子小人，掌权、得位、有势之后呢？是一阔脸就变，还是"做了过河卒子，只能拼命向前"？

更有道理的，是欧阳修的话："暂相党引以为朋者。"当然，他专指小人以利为朋党，这一点我们未必同意。但是朋党之"暂"，不论君子小人，也可能是真的。其实，群体自觉有点像同心圆，又或者像我们把石子投入水中，激起的涟漪。愈靠近中央，凝聚感愈强，愈往外围，水波见薄，痕迹见淡。更何况，天下没有永远的敌人，也没有永远的朋友。有白头如新，有倾盖如故，有一见如仇，有化敌为友。群体自觉，可长可短，或长或短。

只是，人际的无奈、友谊的长短，常常也决定了群体间的认同与信赖，这就得从朋党说到友谊了。

人生在世，不可能无友。到底何谓"朋友"？则言人人殊。我们常说，中国传统文化，讲究五伦，其中一项则为朋友之伦，相关论述，见诸《中庸》《孟子》等典籍。可见如何处理朋友这种关系，早为古人所注意。

友朋之道，看起来似乎无太大特殊之处，即是教导人们如何交朋友、如何与朋友相处，或是如何选择朋友之类。确实，朋友这个问题，谈来谈去，不出上述范围，但最重要的，倒也不只是朋友如何界定的问题，而是在认识朋友的过程中，该如何更进一步地理解自己。

与友朋认识交往，有各种因缘际合、人情义理；朋友与你之关系，亦有多种状况，你对朋友，或气味相投，或师或友；朋友对你，或亲或敬，或诚或羡，或轻或妒，各种情绪夹杂，难以一概而论。

友朋之伦，既然如此复杂，因此在中国思想中，特别是儒家文化中的朋友之道，往往不是单纯地去定义朋友，更多的是从自身的道德修养、处世原则、做人标准来谈的。

儒家谈友谊，又非铁板一块，先秦儒家，孔、孟、荀谈这个问题，有异亦有同。对这个问题，却又覃思熟虑，深有所契，故谈友朋之道，常常也是他们人生观、价值观里极为重要的一环。

古代大儒，抱道而居，探赜索微，论友朋，谈友谊，说友道，示人以路径，即是希望在朋友关系上，作为重建当时人文秩序的关键。是的，友情，正是传统文化最看重，大谈特谈的地方。曹丕作有《交友论》，如今只剩断简残编，文中说："夫阴阳交，万物成；君臣交，邦国治；士庶交，德行光。同忧乐，共富贵，而友道备矣。《易》曰：'上下交而其志同。'由是观之，交乃人伦之本务，王道之大义，非特士友之志也。"

在曹丕看来，交友、择友何止共学而已？有天地就有人类，有人必定要朋友，是人在世的根本，更是王道大义！

友情，既可出现于君臣父子之间，也可投射到人间诸多关系。汉代以后，更可以在"门生故旧"中看到：师友之教，师友之情，师友之恩，都属友谊。

这类的交游，就像前面说到的群体自觉，文化人、士人在具体活动上，他们互动、结交、往来，或是应酬，或是标榜，或是互捧，或是提携，或是救急。这些行为与心态，自然有助于形成共同的意识，呼朋引伴，认同彼此的行为模式与应对进退，于是"我们都是同类人""我们都是自己人""我们都是一家人"，朋党的信任关系，也就渐渐出现了。

所谓的群体，不只是社会关系而已，他们更在学术知识、政治地位、伦理关系、思想文化上，努力建构更正当、合理化的论述。有人肯定交友的重要性，有人质疑交友的选择性，有人论证交友的多面性。公交、私交、滥交、义交、利交、萍水之交、生死之交等，蔡邕有《正交论》，徐干有《中论·谴交》，谯周有《齐交》，周昭有《利交》，两汉魏晋南北朝以后，李华有《正交论》，李观有《交难论》等，各式各样的定义与论述充斥。

但是，士人彼此交通，或共学论道，或走入政治。一些豪强世族或是有地位的贵人等，也有心来往结纳，成宾客、任幕僚、作师傅、聘游士等。朋党，既是社会势力，也可能成为政治上的潜力，成为有心人的资本。

这些交游，过于广阔、高调之后，可能就会引起君王、当权者，或是执政者的不满，产生戒心。多个群体，彼此之间，若不是朋友，常常就是敌人。当政治发生变化，倾轧冲突，若不能折冲樽俎，往往就只能互斗杀戮，彼此扯后腿。于是朋党之争、党锢之祸等，实在也难以避免。

更何况，友谊长存，是一种理想，虽不能至，心向往之。更常见的，是真心换绝情。

人生艰难的地方，是真情难寻，世间所谓的朋伴，大多萍水相逢，或同事一场，或同学数年，能细水长流、适道论学、友谊历久一样浓者，往往稀少。更何况，这些交往，有时不免夹杂轻与妒，"知交遍天下，宁免轻与妒？惟君无他肠，款款出情愫"，读书愈多，执障愈大，所争所求亦难免更难看更难堪。不过，真情也罢，虚意也好，又有什么是永久的呢？真要不变的，恐怕只有无常。

《爱在黎明破晓时》片中老妇 Natalia 说："正如日升及日落，我们时常出现在他人的生命里。总以为我们对那些人非常重要，但我们终究只是过客。"邂逅与相遇，在无常中，我们出现在他人的生命里，走过一段风景，即便停留的时间，或长或短，或善或恶，或相亲相隔相逢相别意难忘，或相杀相妒相难相骂恨难平，终究只能是过客。

而岁月可念，人事堪惊，我们所能做的，也不过是做好当下，透视自己，也善待可以善待的他人。其他的孽缘恶意，该放弃就放弃，该分就分，不拖拖拉拉，然后变通适缘，随其变异，物各付物。谁知道今日的朋友会不会变成明日的陌路、后日的敌人？反之亦然——或许，就是从朋党到友谊的真义。

最后，如果就本书所谈到的问题，以历史脉络来看，如前所言，党争双方都可能饱读诗书，也可能享有大名，都抱有"得君行道"、与"君王共治"的理想，也都觉得自己是对的，是正论，对方可能怀有不轨，自以为是，为异端，发异论。于是士大夫间、朝野之际，产生了分化与派系。从北宋到南宋，无论是司马光或王安石，还是朱熹与韩侂胄等，几乎都在这个情况下，做龙虎斗，想要只手遮天、战无不克，而胜者为王，败者便常沦为党禁。

当然，我们可以再进一步来想，赵如愚与韩侂胄也曾经联手，致绍熙内禅大成功，最后却还是分道扬镳，斗个你死我活。赵汝愚午夜梦回，想起从前，记起当年共谋大计、共商国是时，他心中是否也怀疑过"朋党"的存在呢？

当朱熹这些人被斥，或流放或居住，或坐牢或除名，想必也遭受到许多人情冷暖。在当时，他们心中是否也怀疑过"朋党"的存在呢？而韩侂胄权势滔天，晚节不保，终致人头落地，他心中是否也怀疑过"朋党"的存在呢？

从朋友到朋党，从友谊到友尽，我们看到的或许不只是历史，而是人性，更是无常。在金庸小说《碧血剑》里，金蛇郎君曾在华山山洞留下这样的话："重宝秘术，付与有缘，入我门来，遇祸莫怨。"或许，知识给予我们力量，对读书人、对经世者来说，类同相召，肝胆相照，声比则应，共学适道之乐，"重宝秘术"尽在此。至于"入我门来"，分门别派，山头林立，是狭义的解释；更广义的说法，或许就是"朋党"。朋党总有领头人，总有主要发话者——为什么会"遇祸"？在这个盘根错节的人际网络，聚讼纷纭，莫衷一是，不能随波逐流就只好动辄得咎、不能明流就只好暗吞，"祸事从来是党争"，在"朋党之争"，凡微不足道的都沉重了，凡沉重的都严重了。

法国作家蒙田在《论友谊》里说得好："古人米南德认为，只需遇见朋友的影子便算是幸福的了。"庆元党禁的友谊，不论是党禁中人，或是实施党禁之人，希望他们真的都享受过友谊。哪怕只有遇见朋友的影子，想来，都是幸福。

毕竟，那些烟消云散的东西，曾经也是坚固的。

第三章

◎

"济时敢爱死？寂寞壮心惊"：北伐的准备

一、宋金外交问题

本章继续讨论韩侂胄与他的小伙伴们的故事。

在此之前，我们要先知道金朝的事情以及宋金外交的种种状况。

宋、金两国之间也存在着上一节说到的友谊问题。

这种友谊，到底靠不靠谱？

在中国史的大叙事中，金朝，国号大金，是由女真人所建立的国家，这是中国二十五史中的正史朝代。金朝，当然是中国史的一部分。

女真人，史书又作女直，或是女贞，是发源于东北地区的少数民族。根据人类学家与考古学家考证，可能源自3000多年前，"女真"之名，或是由"肃慎"音转而来。"女真"是宋代才有的称呼，在此之前，或称为"挹娄""勿吉""靺鞨"。

这种称呼，其实很有趣。就如明清时期，许多大陆人移民台湾，这些移民中，又以"罗汉脚"为多。如果套用现代流行的一句话，当时所说的"罗汉脚"就是"中年肥宅"。当然，肥是虚指，不一定是指身材肥胖。大概的寓意就是人届中年，一事无成，无妻无子，无房无车，无权无势。这些移民到了台湾，对当地的原住民，依照汉化的程度，称为"生番""熟番"一样，汉人或是当时的辽国，也以自己为文明的标准，对女真也有着生熟之分。

女真，原本为辽朝的藩属，按时纳贡。不过在完颜阿骨打的雄心之下，众志成城，完成大业，统一女真族群，并于1115年，称帝建国，年号收国，首都在今天的哈尔滨地区，完颜阿骨打也改名完颜旻，史称金太祖。

金国站稳脚跟之后，首要敌人当然不是宋朝（北宋），而是辽国，于是他们与宋朝合作，联宋灭辽，向辽国宣战。后世许多小说家颇偏爱这段历史。例如金庸在他的名著武侠小说《天龙八部》里，在描述这段历史中，在萧峰、虚竹、阿朱等虚拟人物之外，更是穿插了一些史实人物，如辽道宗耶律洪基、金太祖完颜阿骨打等。

1125年，北宋宣和七年，辽保大五年，金天会三年，金灭辽国，不过金朝与北宋的两次联手，宋朝都败于辽国。看来这个盟友没啥出息，金国也不太瞧得起对方。

两年后，北宋灭亡，迁都南方。其实，从1117年北宋政和七年，亦即辽天庆七年、金天辅元年，到1127年的靖康之变的十年之间，国内情势变化疾速，宋辽、宋金、金宋三者之间，你侬我疏，你远我亲，颇有变化。其间，女真族迅速崛起，逐渐壮大。宋朝与女真的关系，有点像宋朝与辽国关系的2.0版。例如两国外交、使节来往，宋朝对待金朝外交人员的态度，包括接待的礼仪以及规格，许多是依循宋朝与辽国的方式比照办理。虽然相处的对象不同，但宋朝常常低人一等的地位，倒是始终不变。

要知道，自从澶渊之盟（1005年，北宋景德二年）之后，宋辽两国之间，百余年间（约120年）没有太多的战事，即便偶有争执，规模也不大。而根据统计，两国使节来往，彼此照应，谈判议事，有380多次。

当然，因为两国根本上的实力与当时地位，实际上并没有礼尚往来，多数时候是宋朝吃亏，宋朝送礼，宋朝为下，诸如岁币（有时还要多给）、割地、银绢等，例如宋宣和二年（1120）、宣和四年（1122）、宣和五年（1123）、金天辅六年（1122）等。

真正的重点是，在宋辽交往的背后，曾经的大国宋朝，对于这种表面上是平行，严格来说应该是下对上的外交方式，包括外使选派、外交辞令撰写、用词遣字的打磨、接待的方式与规格等，都逐渐熟练。

这种委曲求全、迫不得已的习惯，好像也不是太光彩的事。

不过，日后这种排场规矩，又同样用在了宋金外交中。

当然，宋金初始，两方地位关系都还不错，外交的各种礼仪，也多循此原则，比照办理。自从靖康之乱后，宋朝与金朝订立城下之盟时，宋金已不再平等，而是为侄伯之国。对于宋朝，此后局势更糟，从北宋变成南宋，东京洛阳失守陷落，金朝废掉宋钦宗，另外立张邦昌为帝，想要在政治地位与象征上取而代之。金国的这种做法与态度，是上对下，是君对臣。可见宋金两国的差距与待遇，更加拉大，外交关系也更不平等。

值得注意的是，金灭辽，又灭北宋，华北以及中原，都在金朝的控制之下。这时，他们觉得自己才是中国的中心，才是中国的主人。

金朝内部，逐渐接受汉化，接受汉人的思想文化，似乎也是当时金朝正在走的路。虽然金世宗曾经积极倡导本土文化，要女真人学习女真文字、女真语言，可惜汉化已成主流，他的积极倡导似乎也没有起太大的作用。

但是，我们也不要以为汉化就是绝对进步，没有汉化就是绝对落后，就是无知和愚昧。

在金朝逐渐接受所谓的"汉化"以前，我们要先有一种认知：不要总是以为游牧民族落后，文明不足，茹毛饮血，不知礼义。上述的评价，很多都是汉人史观作祟。试想，光是游牧，一大群一大群、一批又一批的动物，如何管理、如何组织、如何经营、如何繁殖、如何安排，就需要复杂的数学运算与方法技巧。

所以，游牧民族，未必就是低等愚昧、混乱没有秩序的。通过"重视礼节的游牧民族"可见，游牧民族也有自己的生活，自己的文明，自己的秩序，自己"文明的游牧史观"。

古代汉族史观中美化自己、丑化他人的言语并不鲜见，班固在《汉书》的《匈奴传》所言，更是典型。他认为夷狄等外族，身处边疆边寒之地，黄沙滚滚，山谷接连，逐水草随畜，射猎为生。又在制度之外，饮食不同，言语不通，很少接受中国文明的洗礼，没有仁爱忠孝，缺少诚信礼制，所以最好的方式是不把他们当成自己人，用种种利益方式，或是讲讲仁义道理，笼络控制，自己不要插手太多，名义上归属于我们，实际上让他们自生自灭，才是圣王控制蛮夷的常道，不要妄想全用武力征服，纳为领地，毕竟要管理他们，才是真正麻烦的事情。

这让我们想起清末民初，逢数千年未有之大变局，外患内忧，一时并至，有志之士为了解决问题，或引进西洋学说，中体西用；或药方只贩古时丹，从过去寻找答案。只是该如何变、要变些什么，是渐或骤，是救亡图存还是启发蒙昧，是船坚炮利还是政治体制，是复兴佛学还是批判孔教，是单线进行又或是双重复调，言人人殊，但中国确实到了该变的时候了。在当时，国势衰弱，文明素质又处处不如人，许多人开始反思：中国，到底是哪里出了问题？是社会制度？是中国人的性格？还是国家体制的问题？还是儒学？

就在这种思考之下，随之而来的各种变革，从船坚炮利到文化气氛，从政治体制到教育方式，都引起了许多反思与改变。许多知识分子接受外国传播过来的思想，也开始建构未来的大同世界。

其实，真正的历史在后来的发展中，族群与族群，互相融合，互相学习，也是常有的事。

所谓外夷，也就是处于边疆地区，不同于汉族的异族意象，关于这种认知的建构，在史书、笔记、小说、野史中，不断充斥相关的叙述。例如他们不同于中原的穿着打扮、用语遣词、生活方式、器物用具、生态经济等，此类作为"他者"的观看，便成了一种"异族意象"。当然这种意象，往往是与"自我""我们"，互相比较，所塑造出来的族群关系与性质。于是，诸如"奇风异俗""珍怪土产""披发文身""无父无母""逐水草而居"等，或虚或实，或真或假，或夸大或贬抑，逐渐建构了当时人对外族的理解认知与历史记忆。当然，这些不只是"判定他者"，更重要的还要"认识自己"。

从春秋时代开始，到秦汉面对匈奴等五族、南朝面对北朝，到唐宋时期与四夷外族的关系等，也不断凝聚自我，产生认同，"华夏""中原""正统"等名词，也不断重复铸造、推陈出新。

当和平不再，侵略开始，你打我，我还击你，你占我土地，我取你人民，一寸河山一寸血，你争我夺，杀伐就开始了。

战争打仗是无情的，就像杜甫的诗："万国尽征戍，烽火被冈峦。积尸草木腥，流血川原丹。"只是当权者，总喜欢将其道德化，以作宣传，出师有名，把对方说成恐怖分子，自己则是复仇者联盟。

在南宋，许多人之所以热衷北伐，鼓吹"还我故土"，以大义、复仇的名号强调祖宗之法，宣传"恢复"之志，在某种程度上，我们也可以依此来理解。

但是，反过来说，千万不要以为自我与他者、我群与他群，都是有问题的，如果借用斯蒂芬·平克（Steven Arthur Pinker）的《人性中的良善天使：暴力如何从我们的世界中逐渐消失》一书中的概念，他以"理性电扶梯"的说法，认为暴力当然从未消失，人间乐土也从未实现，争斗吵闹死伤不可避免，永远存在。可是，自我与他者，从争斗到融合，往往也正好是建构、认识我群的能力加深扩大，还有同理心的学习的过程，随着人类历史愈向后，暴力的比例也会渐渐减少。虽然缓慢，但改变显然是文明化的。

或许，这也正是"非我族类"的一种调整改良版。

二、有权真好，说话大声：韩侂胄掌权史

前一节讲完宋金关系，我们继续来说说韩侂胄的发迹史。

韩侂胄以宋宁宗亲信、亲戚、亲友、亲密下属的多重身份，逐渐得到重用。在此期间，他发现"御笔批出"，实在是极好用的招式。

韩侂胄心想，当初凭借此种办法打败赵汝愚等人，如今也当然是食髓知味，继续使用，无坚不摧，万夫莫敌。

反过来说，宋宁宗自己也颇好此道。

因为不管是口述、他人代写，还是自己亲自出手，批写构思，"御笔批出"显然让宋宁宗颇有"权力在手，天下我有"的得意感。不能说是独断专行，却可以跳过一堆啰里啰唆、讨价还价的士大夫们，可能是丞相，也可能是台谏。

"御笔批出"又配合自己人如韩侂胄等，一拍即好，下承上意，上同下行，各取所需，默契无间。很多事很多话，做起来说出来，都方便很多。

可是呢，容易造成一个问题，以韩侂胄如此依恋、嗜爱权力，紧抱大腿不放的性格，"御笔批出"的许多断裂处、幽暗处、难以察觉之处，就有了许多可操作的空间。《韩非子》说得好："权势不可以借人，上失其一，臣以为百。故臣得借则力多，力多则内外为用，内外为用则人主壅。"权势是君主独有，千万不能贪图欲望，对臣下开方便之门，对君王而言，失去一点儿权力好像损失不大，但臣下往往可以借由这些漏洞，把权力运用放大百倍。

要知道，当初宋徽宗刻意强调"御笔"，是为了君权独大。到了有心人士韩侂胄眼里手上，自然可以玩出不一样的层次。

绍熙五年（1194）开始，韩侂胄知门事兼枢密都承旨，庆元元年

（1195）以后，韩侂胄官愈做愈大，愈来愈高，从平原郡王，到少傅、太师，封豫国公，开禧元年（1205）又出任平章国事。

从当年刘弼的建议开始，韩侂胄以台谏包围宋宁宗，巩固中心，既可干涉决策，取得消息，又可制造舆论，影响视听。

韩侂胄的官职，从建节、封王再到太师，荣誉职居多，实际政功实职则欠缺。韩侂胄也没有当过宰相，或许是见到当年赵汝愚的下场，又或者适可而止，知所进退，没有引起宋宁宗反感。

但是，就算不当宰相，也不妨碍韩侂胄找自己人、用自己人，从朋友到朋党，"韩党"是必须要树立的。

于是从韩侂胄的亲属友人，到小弟跟班，再到老婆情人。一人得道，鸡犬升天，很多人都从他那里拿到好处、得到官职。

最受韩侂胄看重的，是陈自强、赵师𥱤、苏师旦、许及之、程松等人。

还有，韩侂胄四个喜爱的小老婆，张氏、谭氏、王氏、陈氏，都封郡国夫人，娇贵得宠，一时间风光无两，号称"四夫人"。

许多学者，因为韩侂胄是权臣，被舆论史家批判攻击，韩侂胄又是陷害朱熹的人，致使朱熹下场凄惨，身死人灭，因此总有着"坏人都是跟坏人混在一起"的迷思。韩侂胄不好，他身旁这些人，弄权枉法，贪杯好色，拍马逢迎，作威作福，反正无耻之徒，总是聚在一起的。

什么人交怎么样的朋友，韩侂胄他们的标签，好像除了坏，除了恶，就没有了。

可是，真的只是这样吗？

赵师𥱤是进士，舞文弄墨，文学文章，颇为在行，如今还有他传世的诗词作品。

陈自强努力到 50 岁时，才考中了进士，光是这份坚持，足以打趴今天一群草莓族（承受不了挫折的人）。更不用说他家境贫苦，自幼便苦读，希望可以改善家境。

至于苏师旦，则是反应奇快，口才非常伶俐，其组织能力，当时可说是佼佼者。

我们不是要翻转，把韩侂胄说成是天下第一好人，是拯救国家的英雄。只是要说明一件事，所谓的"一丘之貉"，而你身在其中，有人帮助你、提拔你、给你机会；在生活种种上，照顾你照应你，给你方便给你机会，你如果懂得感恩，自然会引为同道，互相认同，建立我群意识，当然也是友谊的一种。不必将其污名化，也不用否定，也不要说是不道德的。

人都是立体的，只平面地去看，当然除了白黑，就没有其他好坏了。似乎他们很坏超级坏天下宇宙无敌坏，就没有优点，就没有才干、就一无是处了。

从道德制高点来看，说他们是走狗，好像也没问题。可是，一根手指指向别人，别忘了四根是指向自己的。换句话说，走狗走狗，大多是骂别人的狗。自己养的，可是疼爱得不得了，亲昵无间，每次遛狗，巴不得引起全天下的注意与关爱。男孩子追求女孩子，以走狗示人，引起对方兴趣，也是常有的事。

你我他可能是如此，韩侂胄当然也是。

所以，真正要看的重心，是他们用关系干了什么事。

史书上说这些人"掊克民财，州郡骚动"，其中陈自强为了钱，还自创"国用司"，自任国用使，方便巧立名目，各种怪招尽出，捞钱骗财取富贵。这可就不能怪别人对你们不友善了。老百姓无权无势，只能心里想打你。在许多未来有政治潜力的人身上，不是不报，只是时机未到罢了。

其实，韩侂胄发动党禁之后，不是风平浪静，此生再无对手。要知道，有人得意，就有人失意，不谈人品地位财富，你不可能全部都是敌人，也不可能大家都是你的朋友。例如近代流传的"我的朋友胡适之"此类，不过即便是胡适，名满天下，谤亦随之，看他不顺眼者，大有人在，台湾已逝学者逯耀东的《胡适与当代史学家》便说得很清楚。

韩侂胄帮助、援引、拉拢的人愈多，自己人的队伍越庞大，不满的、眼红妒忌酸溜溜的、不齿不屑瞧不起的，同样也越多。

上述阵仗，若根据李超、赖冠群等学者的研究，跟韩侂胄有各式各样的利害关系，彼此有矛盾的、有冲突的、有敌对的、有威胁的，除了与庆元党禁相关人等，还有宦官王德谦、关礼、霍汝翼、甘昺；甚至连隆慈太皇太后的族人、宁宗妻子韩太后的姻亲，不计其数，非韩党的许多人等，都可能站在韩侂胄的对立面。

三、权力倾轧，天人感应：问题外部化

其实，我们也应该这样看：所谓的权力，从来就不是一团和气，反而像一块大饼，你拿了我就没有，他多拿代表我得少拿。于是在权力面前，有权臣，当然也有失宠的，有蓄势待发的，有冉冉上升的，也有想要东山

再起的。至于含恨而终、郁郁寡欢的，也很常见。

权力，又往往像欲望之蛇，代表贪婪，也可能代表创造。你不断攫取，就得不断搞事，贪心是动力，好上加好是冲劲，想要更多、不想失去，更是人之常情。

重点是，在政治上，在官场上，在古代皇权的体制上，拥有权力、得到权力，都不是容易的事。权力不是天上掉下来的，更不是俯拾皆是。美国经济学者森迪尔·穆兰纳珊（Sendhil Mullainathan）以及埃尔达·夏菲尔（Eldar Shafir）在《匮乏经济学》这本书中，重新检讨经济学的初衷，提出在资源有限的情况之下，人们应该如何依据经济学理论，做出最有效率、最合理的抉择？

两位经济学者，提出一种"匮乏经济"的理念，他们有这样的描述："稀缺会俘获大脑。就像饥饿的研究对象日思夜想食物一样，当我们经历任何一种形式的稀缺时，都会对稀缺的事物全神贯注，我们的思想会自动而强有力地转向未得到满足的需要；对于饥饿的人来说，他们需要食物；对于忙碌的人来说，他们需要亟待完成某项工作的时间；对于缺钱的人来说，他们需要想办法支付每个月的房租；对于孤独的人来说，他们需要他人的陪伴。稀缺造成的后果不仅仅是因为我们会因拥有得太少而感到不悦，而是因为它会改变我们的思维方式，会强行侵入我们的思想之中。"

用我们前头引用过的话来讲，《韩非子》要国君注意权力，不要滥权，也不要给属下有夺权的空间。权力应该是独占的，根本原因在于权力必须是稀缺的、匮乏的，物以稀为贵，物以少为美。

因为少，所以更重要；因为稀缺，拥有权力的人，才能特别。

也因为权力资源必须少，我们拥有的、可以得到的，更是少中之少，所以权力如何运作、保持，甚至扩大，往往会改变我们的思维方式："稀缺造成的后果不仅仅是因为我们会因拥有得太少而感到不悦，而是因为它会改变我们的思维方式，会强行侵入我们的思想之中。"

韩侂胄的北伐，也可以依此角度来思考。

有太多人，想在权力面前，分一杯羹，"道学型士大夫"如此，"官僚型士大夫"也是如此。更不用说那些外戚、宦官、亲信、宠臣、疏远的人、刚正之士、知识分子、投机主义者等。

所以政争、倾轧、朋党才会在人类政治史上一再出现。

如果说权力属于"人事"的范围，那还有另外一种：天灾。古人并不只是单纯地把它看成大自然变化，更要将其"意义化"，于是地震、洪水、蝗虫、旱灾、冰雹、大雪等，就不是单纯的现象，更是一种天人感应，是一种灾异对人类的警示。在他们看来，自然灾害，往往是由人，特别是施政者处置不端、立身不谨、朝野不和等所引起的。

此类言论，其实是一种"联系性思维方式"，如果不明白这点，就不容易进入古人的历史与生活世界。

"联系性思维方式"，是台湾学者黄俊杰先生提出的。所谓的"联系性思维"，是指天地宇宙事物间彼此互有联系，不管是部分对部分或是部分与全体，都可能是互相渗透、交互影响的关系。在这种情况之下，自然、社会与人文是密切结合，相辅相成的"同源同构互感"或是"引譬连类"。

学者们各自的用词或有不同，但内涵皆相似，同源同构，即是指万事万物同类者聚而群，气同则和合，群与群之间亦可能彼此互属联系，因此人就不会只是一个封闭的个体，人与物之间应该是相互往还、交遇对应的状态。而从《夏小正》《周月》《时训》(《逸周书》)，乃至于《礼记·月令》等文献中建构的联系思维，天地自然与我同在，皆可看出万物彼此引譬呼应的"穿通类应"。

黄俊杰在他的《孟学思想史论（卷一）》中，就将这种联系性的思维分成三种类型：

一、"自然"与"人文"两个范畴之间具有联系性；

二、人的"身"与"心"两个范畴之间具有联系性；

三、"个人"与"社会"两个范畴之间具有联系性。

当然，三种类型又非只单独存在，而是彼此相关。因此人与人彼此之间，不但密切呼应，同时也可以与自然、社会产生关系。

自然灾害，与人的权力产生关系，属于第一种。细节对应，因人而异，但这种天人相互渗透，联系性思维的原则，大致上是不变的。汉代儒者董仲舒就从金、木、水、火、土五行的角度，把这个原则更细节化、更精致化了。他在《春秋繁露》中大谈特谈，建构更完善的理论。

对于这个问题，邓红在《董仲舒思想研究》中把董仲舒的观点以表格方式呈现。我们参考这个表格，但也做了一些改动，让它更有条理：

五行 / 对应事物	木	火	土	金	水
	东	南	中	西	北
	左	前	中	右	后
	春（生）	夏（长）	季夏（养）	秋（收）	冬（藏）
	喜	乐		怒	哀
	仁	智	信、忠	义	礼
	庆	赏		伐	刑
	角	徵	宫	商	羽
	酸	苦	甘	辛	咸
	暖	温		清	寒
	司农	司马	司营	司徒	司寇
	农	本朝	君之官	大理	执法
	奸	谗	谀	贼	乱
	貌	言	视	听	思
	祠	礿		尝	蒸
	韭	麦		稷	稻
	燥浊而青	惨阳而赤	湿浊而黄	惨淡而白	清寒而黑
	少阳	太阳		少阴	太阴
	风霜	雷雹	电	雨	雪

从上表可知，董仲舒几乎把各种事物都对应到五行的系统里，木居东，亦居左，表春生，又以司农主农事而配之；火居南，亦居前，表夏长，又以司马之官而配。于是五行又与阴阳、四季结合，辐射出去，对应天地宇宙，于是万事万物，彼此间都有联系的各种可能。

顺着这样的思想渊源与政治传统，于是在中国历史上，每当有天灾，执政者总要下罪己诏，自我检讨，希望能借由反省的公开言论，感动自然，上天有好生之德，不要再损害国家百姓。

宋徽宗时期，进士路昌衡就曾上书，说："灾异的产生，是因为天地不和，也跟人心出现怨望有关。每当大河横决，秋雨霖淫，诸路饥馑，天灾出现，就会有人祸，导致人民饿死道路，抛妻弃子，家破人亡。"那么，百姓流离失所，困苦无依，原因出在哪里呢？他说："国家多年以来，频频用兵，军事行动太多，人民受压榨，被欺负，劳役也愈来愈重，当今领导者却看不到这点，可见周围小人奸臣太多，蒙蔽了君主。"可见主政者失德。被周围群小屏蔽，佞臣蔽主，导致上天降下灾异之变。

庆元六年（1200），韩侂胄显然就遇到天人感应的"失德"问题。我们在《宋史》的《宁宗纪》《五行志》等相关资料中都可以看到。按照时间顺序，庆元（1195—1200）、嘉泰（1201—1204）、开禧（1205—1207）（都是宋宁宗的年号）年间，大概有这些情况：

1. "庆元元年冬，无雪。二年冬，无雪。四年冬，无雪。"

2. "庆元五年秋，台、温衢、婺水，漂民庐，人多溺死。"

3. "庆元二年八月己酉，永州火，燔三百家。"

4. "庆元二年六月壬申，台州暴风雨驾海潮，坏田庐。"

5. "庆元三年二月戊辰，雪；己巳，雹。四月乙丑，雨雹，大如杯，破瓦，杀燕爵。"

6. "庆元四年秋，铅山县虫食谷，无遗穗。"

7. "庆元六年五月，亡暑，气凛如秋。"

8. "嘉泰元年三月丙寅，雨雹三日。"

9. "嘉泰元年五月，旱。"

10. "嘉泰二年七月丙午，上杭县水，圮田庐，坏稼，民多溺死。"

11. "嘉泰三年十月丁未，暴风。十一月癸未，大风。"

12. "开禧二年，南康军、江西、湖南北郡县旱。三年二月，不雨。"

13. "开禧二年，绍兴府、衢、婺州亡麦。"

为了避免文繁啰唆，我们没有把全部灾害列入，仅列出一部分。由此可见，按照前头的联系性思维，自然灾害的连续不断，也导致皇室有丧，除宋光宗之外，宋宁宗生母、皇子、妻子，接连去世。

天灾与人祸有关，韩侂胄掌握权力愈大，面对天灾现象时，就愈让其如坐针毡。他信不信是一回事，但许多舆论都指向他，质疑声不断：是否是因为他，导致了国家机器的失灵，所以灾异才频繁出现？议论纷纷，更可以被政敌拿来作为攻击他的口实。

显然这些问题，都是韩侂胄要处理的危机。左思右想，韩侂胄要巩固自己的权力，要保持自己的实力。所以他决定以大义的宣传，以复仇的口号，以人民的名义，把"问题外部化"：出兵北伐。

四、解党禁、寻岳飞：当"北伐"成为一种需要

但是，从辽、金、西夏等过往的历史中，我们知道宋朝对于北方外族，一向是弱势的。打仗不是请客吃饭，韩侂胄对内就算有再多问题，但妄加开战，可不是闹着玩的。赢了当然没问题，万事好说，可是稍有不慎，火烧自己，杀人一千自损八百，愈打愈弱，岂不是拿身家性命开玩笑？

道理是非，你知我知，韩侂胄当然也明白。

可是内部问题，诸事丛脞，人际纠葛，恩怨难分，牵扯甚杂。看起来，"战争"是可以转移注意力，算是最有效率、最合理的方式。甚至还可以得到朝野舆论的支持。

如果开战是不可避免的，那么，该如何将风险最小化，利益最大化，才是韩侂胄应该要关心的。

韩侂胄想借由北伐来巩固强化自己的地位权力，他就得扩大自己的支持群众以及创造较为友善的舆论支持。

首先，他制造了庆元党禁，那么现在他就要渐渐松开禁令。如我们之前谈到的，庆元党禁的重点本来就不在于思想立场，又或者说，路线很重要，"道学型士大夫"集团，本来就主张北伐，也是当时与"官僚型士大夫"集团的重要分歧所在。如今韩侂胄重新宣传主张北伐，在某种程度上是可以得到"官僚型士大夫"集团的支持的。

就此来看，所谓的思想立场、路线主张，彼此又开始出现交集。

为了对抗其他势力，扩大支持，由北伐来收拢人心，在"道学型士大夫"集团中，寻找同道，是可以理解的做法。

嘉泰二年（1202）初，朝廷正式松除党禁。一些颇具政治宣示的动作，例如追复赵汝愚；对于那些仍然在世，名列党籍的人，也多是官复原职，继续回到工作岗位。

如前面提过的陈傅良，原本官知赴泉州，可是被他拒绝，不过后来又授集英殿修撰，进宝谟阁待制。又如叶适，在党禁解弛的前一年，即嘉泰元年（1201），已起为湖南转运判官。嘉泰二年（1202）则改知泉州。

上述的举动，与准备北伐，两者之间，相互应和，彼此加分，确实得到许多人的支持，如叶适、辛弃疾、陆游等。

在此之前，年近80，"王师北定中原日，家祭无忘告乃翁"的陆游，还写了一篇《南园记》，是给韩侂胄的。

文章一开头就说，庆元三年，是1197年，慈福，就是隆慈太皇太后，赐给"少师、平原郡王韩公"，就是韩侂胄一座大园林。韩侂胄刻意整修，重新打造，就叫南园。里头清泉秀石、飞观杰阁，虚堂广厦，莫不毕备，应有尽有。建筑美轮美奂，名称也雅致，门、亭、台、厅、堂、假山、农庄等，例如"和容""藏春""西湖洞天""归耕之庄""夹芳""豁望""解霞""矜春""岁寒"，曰"忘机""照香""堆锦""清芬""红香""远尘""幽翠""多稼"等。

此时，党禁未除，北伐的念头还未见端倪。陆游话锋一转，以恭维的话来说，我们伟大的韩侂胄，建了这样一个富丽堂皇的园子，独乐乐不如众乐乐，哪里只是为了自己的欲望而已？

陆游以韩忠献王韩琦（韩侂胄是韩琦的曾孙）为榜样，说当时富贵名望，跟韩琦相当者，大有人在，却多是身死名灭，人亡政息，沉入历史之海，就此无人闻问。

韩琦则不然，陆游期勉韩侂胄，要做大人物，要做第一流人物，不要失了前人的脸，不要丢股，要真的做到"勤劳王家，功在社稷"才好。其实，陆游的潜台词就是：韩琦当年为国为民，官之大者，你韩侂胄要再接再厉，要加油了！

陆游死于嘉定三年（1210），死前五六年，他终于看到北伐的准备，亲眼见到北伐，却也听到宋军大败，经历"嘉定和议"的失望。

陆游这些作文，也引起许多非议，《宋史》就说他才气超逸，特别会写诗。只是当陆游"晚年再出"为奸臣韩侂胄写了《南园记》《阅古泉记》，让人感到意外，不可思议。不免让人怀疑他是有意靠拢权势，贪财恋富，他的行为也导致许多非议，差点晚节不保。

对于这样的评论，值得我们省思：陆游晚年是否真的再出？是否见讯清议？所做《南园记》《阅古泉记》等文章，是否真的如朱熹所言，晚节有失？

不少学者认为陆游应不至此，所以努力为陆游翻案。有人认为《南园》《阅古泉记》所做时间不同。传记上所说的所谓"晚年再出"，应该是指陆游在嘉泰二年（1202），出任史官，工作内容是修纂宋孝宗、宋光宗两朝实录事。而《南园记》一文，如前所说，写作时间是庆元六年（1200）；至于《阅古泉记》，则是作于任史官后的来年，也就是嘉泰三年（1203），三者时间上不一致。《宋史》这样写，有混淆之嫌。

其实，《宋史》并没有刻意抹黑，《南园记》、任史官、《阅古泉记》，本来就不是同年发生，确实也都是陆游晚年所做。

前面已解释过《南园记》，我们再来看看《阅古泉记》。这篇同样也是写韩侂胄园林之盛，其中又以阅古泉最为绝胜。陆游以极度流畅的文笔、丰富的词藻描绘此地。

绝美景光，想来韩侂胄自己以及包括陆游在内的友人宾客，常来游玩。所以当韩侂胄要求陆游写下此景此情，"君为我记此泉，使后世知吾辈之游，亦一胜事也"时，陆游也答应了，文内还是要提到韩琦，说"阅古"

因为韩忠献王（韩琦）而取名、而知名，泉水有知，当有知遇之感。

最让后世学者纠结的，是陆游自己在文后说有愧："（陆）游起于告老之后，视道士为有愧，其视泉尤有愧也。"其实这个"愧"，不是真的丢脸羞耻，不是正面去讲惭愧，而是以退为进，说自己退休之后，并没有真的经世之志全消，心中仍对国家对北伐抱有期望。

这个愧，其实不太愧，但光靠陆游还不够，更需要由当政者，韩琦的后世子孙韩侂胄，坚持北伐，持续准备北伐，才不会有愧于心，有愧于山水，有愧于山水之名缘起的韩琦。毕竟，"阅古"是否因为韩琦知名，不太重要。我们如果只是吃喝玩乐，不思进取，就真的有愧于此了。

《阅古泉记》写于嘉泰三年（1203），此时韩侂胄正在筹备北伐计划。陆游再次叮咛，千万千万，不要愧于此景此名啊！

即便如此，《宋史》或是朱熹等，依旧对陆游作文做人颇有非议，为什么呢？

问题在于，我们先入为主地对韩侂胄有了评价。包括我们在内的历史研究者，也在许多史料中，发现了许多对韩侂胄的批评，于是引为己证，所以我们主观上认为韩侂胄不是好人，起码不是个正直、忠义、为国为民的人。陆游这样一个大诗人，这样一个爱国诗人，怎么可以跟韩侂胄此类人混在一起呢？若不是晚节有失，就是陆游身在曹营心在汉，搞不好是卧底的，搞无间道，"我们都在不断赶路，忘记了出路"，也有可能。

反正，陆游就是不能跟韩侂胄好，应该要像小学生的桌子一样，中间画条线，区分你我，一刀两断。

但是，为什么不可以呢？韩侂胄颇为照顾他，陆游在写《南园记》时，已经透露了他对韩侂胄的期望；又或者是说，是一种警告。以先祖韩琦来告诉韩侂胄，希望他好好效法学习，不要丢股。

而出任史官、写作《阅古泉记》之时，北伐之计已见端倪。于公于私，对一直有北伐恢复之志的陆游，为什么在这件事上，不能赞同韩侂胄呢？他为何不能把韩侂胄当朋友呢？感恩关系，知遇之情，不需要极端强调对方是好人还是坏人，完全抹杀了人与人的提携与帮助、温情与敬意。陈自强、赵师罣、苏师旦、许及之、程松等人是这样，陆游当然也可以。

真正的重点，正如我们前面提过的，关键在于他们用关系干了什么事？这也是陆游之所以为陆游，脊梁可以挺直的最重要原因。

朱熹因为党禁，对韩侂胄没有好感（如前几章所说，其实早在之前，他就不喜欢韩侂胄了），故有此语，虽未必有道理，还是可以理解。倒是我们，后之视今，自以为站在上帝的视角，缺乏同情的认知，又受到《宋史》引用朱熹话语的影响，结果导致陆游的晚节问题，聚讼纷纭，成了史家争执不已的公案。

其实，陆游的行为与文章，哪有这样严重呢？

值得注意的是，钱锺书《谈艺录》提出一个有意思的见解，诗如其人，文如其人，有这样的性格才识，就能写出那样的作品，此说固然有理。反过来讲，文如其人，未必可以观文知人，陆游诗文，王师北定中原，豪气万千，壮志万象，却不代表真的能用兵带兵，谈兵固然可以壮言豪语，做起事来，却不可自负甚高，看得太易，特别是牵涉到千万性命的战争杀伐。陆游的军事能力，显然不如其文学功力，清代的赵翼甚至带点庆幸的心态来评论陆游，认为没有真的给他机会上战场，其实是老天对他的厚爱，否

则的话，恐怕又是另一个"带汁诸葛亮"了。（关于"带汁诸葛亮"的故事，可见本书第四章）

我们继续来谈北伐，事无绝对，一种米养百种人，韩侂胄的北伐，固然赢得了许多尊重，反对者也大有人在，例如华岳。

华岳分析当前局势，金强宋弱，而战争可不是儿戏，可致千万人丧身，百姓无家可归。他又说当士兵军队知道即将要开战，人人面色发白，诸军妻子隐哭含悲；都城市民彷徨相顾，不知该何去何从。如果真的打起来，妻离子散，将帅内离，士卒外叛，生民涂炭。而国家军事实力，先天失调，后天失养，训练不足，武器不够，斗志不高。这种军队，这种民生，这种状况，要怎么打？要怎么赢？他认为此时北伐，简直是脑残，而韩侂胄更是脑残中的极致，祸国殃民。华岳还建议，可以先把自己关起来，睁眼看着战况，如果这种军队赢了，他愿意被斩首，公告众人；如果结局如他所言，他也不要赏赐，放归乡里，永远不再关心朝政。华岳还要求，应该要斩韩侂胄、苏师旦、周筠，以谢天下。

当然，写出这种文字，想必下场也不会太好，被削去学籍，押送监禁。

对此，韩侂胄还惩处了许多反对者，例如杨辅、傅伯成、李大异、徐邦宪。

其次，我们还可以看到，韩侂胄争取舆论支持，除了解除党禁之外，有一个举动也很重要。

嘉泰四年（1204），春夏之交，官方决定在镇江府为韩世忠建庙。一个月后，宋宁宗下诏，追封岳飞，称为鄂王。

叶绍翁《四朝闻见录》还记录了追封的全文，意涵丰富，值得我们细读。此文作者为中书舍人李大异。文中把岳飞比为汉朝名将，击败匈奴、斩首万余人的霍去病；以及东晋名将，北伐获得胜利、不幸功败垂成"闻鸡起舞"的祖逖。同样都是用抵御侵略的象征方式，将二人并列。

这几个人，相信读者耳熟能详，几乎已是中国历史的代表人物之一。他们在历史记忆中的象征，往往就是抵抗夷狄的名将。

当然，将抗金与民族二合一，我中有你，你中有我，混淆不分，自然也是因为区别"自我"与"他者"之后的产物。

立庙、封追，这种象征宣示的举动，明显是企图在过往历史中，找出一些主题或主线，刻意塑造，焦点凸显而背景含糊，借此正当化、强化现有当下的选择。

把荣耀送给过去的他们，其实也就是为了肯定目前的行为——北伐。

韩侂胄的举动用意，当时人看得很清楚，前引叶绍翁《四朝闻见录》，就说这是"盖韩氏（韩侂胄）兴师恢复，故首封鄂王（岳飞）以为张本，制中故有'作三军之气'与'修车备器'之词"。

人类真的是一群很有趣的生物，借由许多看似不相关的事物，经由自觉或不自觉的各种方式，汇聚到当下。例如这次的做法，讨论历史，重寻历史，是为了现在，古为今用。韩世忠、岳飞，变成了一种重要的宣示，一种连接昨日与今日，并期待未来的符号。

对于符号形式，德国哲学家卡西勒（Ernst Cassirer）说得好："在最广义上的符号性表达，亦即，精神经由感性的记号或图像的表达。它涉及的问题是，诸种表达形式无论其可能应用的种种差异，是否都奠基于使它们的特性能被标志成自身完足且统一的基本程序之同一原则。我在此探问的，因而不是在艺术、神话或语言这些特殊领域，所意指或运用的符号，而是在语言作为整体、神话作为整体，与艺术作为整体时，它们自身承载的符号形态之普遍性格为何。"

就卡西勒看来，记号与符号不同。当一个可以被感觉、被感知的事物，不论是人物或是自然的，都可以视为记号，但这些记号要成为意义，就必须在所属的符号系统之中，才能豁显。所以记号可以被理解，往往也是因为语文，语文代表了某各民族的精神形态以及集体意识。

因此，如果说为韩世忠、岳飞立庙、追封，在政治上可以成为意义。这些举动，往往也是由语文所构成的知识记忆，在华夏民族的符号系统中，被理解、被使用、被凸显了。

这也是李大异用霍去病、祖逖来比照的原因。

最后，耐人省思之处，也是韩侂胄生前可能没想到的，后世史家对于他的评价大多不太友善。《宋史》就把韩侂胄列入奸臣传，但对于北伐一事，倒是引起许多肯定，称赞者实在不少。

跟韩侂胄差不多同时的人，例如罗大经对韩侂胄的下场，就有些怜悯，想为他抱不平。罗大经在《鹤林玉露》中，这样评价韩侂胄以及开禧北伐："开禧之举，韩侂胄无谋浪战，固有罪矣。然乃至函其首以乞和，何也……譬如人家子孙，其祖父为人所杀，其田宅为人所吞，有一狂仆佐之复仇，谋疏计浅，迄不能遂，乃归罪此仆，送之仇人，使之甘心焉，可乎哉！"

罗大经的意思是说，韩侂胄无勇无谋，结果导致随意开战，当然是韩侂胄自己的问题。当战事不利，结果不好，兵败如山倒。朝野为了找替罪羔羊，听了史弥远的建议，砍了韩侂胄人头，送到金朝道歉求和，摇尾乞怜，实在有点丢脸。

罗大经还用了一个比喻，祖父为人所杀，田产也被抢了，后世子孙不能锻炼自己，复仇夺回，反而是仆人看不下去，私自行动，小虾米吃大鲸，不自量力，结果惨败。家族自己人，既不能令，又不受命，开会讨论决议，还把仆人送去给对方，小心翼翼，叩头摇尾，道歉赔罪，天下间有这个道理吗？公理正义还说得过去吗？

往事并不如烟，罗大经的坚持，显然是：我们不能让坚固的东西，是非曲直，烟消云散。

第四章

◎

"一家哭何如一路哭"：战争不是儿戏

一、陈亮与叶适：北伐战略以及学术之争

上一章中，我们提到了韩侂胄北伐的各种原因。这里，我们要谈谈这场战争的经过以及结果。

在嘉泰元年（1201）到四年（1204），几年之间，宋宁宗与韩侂胄做了许多军事上的准备，下了许多命令。为了方便理解，排列如下：

命路钤按阅诸州兵士，毋受馈遗及擅招军，违者置诸法。

命殿前司造战舰。

增置襄阳骑军。

命两淮诸州以仲冬教阅民兵万弩手。

命内外诸军射铁帖转资。

命内外诸军详度纯队法。

当然，你在边境之境，在朝野之际，趁势待发、积储粮草、养精蓄锐

等事，金国的间谍以及情报网络等，不可能没注意到，反之亦然。于是表面上外交使节不断，你来我去，礼尚往来，宋朝方面，陆续派出张孝曾、张嗣古、邓友龙等人；金朝来使，也有单怀忠、纥石烈真、完颜璘、单公弼、独吉思忠等人，两方正式的外交往返，既是外交习惯，也借此互探彼此真实状况。

开禧元年（1205）六月，南宋朝廷派出李璧出使金国，庆贺金朝皇帝生日。途中还遇到意外，名叫朱裕的民间义士，私自率领一批军队，想要进攻北方。冒失的举动，差点引起两国开战。金国对此大感不满，认为是来寻晦气、挑衅生事的。为了避免枝节，防止意外，李璧砍了朱裕的头，挂在边境上。又对金国君臣，满嘴忠诚道义，言之凿凿，情溢乎辞，希望对方相信自己，相信宋朝。

不过都是表面上的敷衍，即便戏做足，该打的仗还是要打。实际上，贮甲杖、修战舰、想对策，却是各自增兵，暗地防备，各不相让。《宋史》说早在嘉泰三年（1203）："是冬，金国多难，惧朝廷乘其隙，沿边聚粮增戍，且禁襄阳榷场。边衅之开，盖自此始。"

当然，南宋能人异士极多，饱读诗书，关心国政者，更是大有人在。在宋孝宗、宋光宗、宋宁宗时代，这些人对北伐、对军事等，都各有自己的看法。例如陈亮与叶适，他们的北伐规划乃至于他们的学术思想，都反映了当时的时代以及学术氛围。

先以我们前面提过的叶适来说，叶适对国政事务包括军事路线的关注与规划，在《水心文集》《水心别集》中都可以见到。例如他对当时设官分职、财政民生、国防方针、教育政策等诸多分析，即便是他59岁开始撰述的《习学记言序目》里，也可见他不时以"事功"角度，评论儒家经典、历代正史、兵书韬略等书目。

就国防来说，南宋深受边防威胁，为防止北方金人进逼，各种军事战略的进言，或战或和，屡见不鲜。叶适看来，应以江北守江，经营两淮的"濒淮沿汉"联防策略，建立堡寨，养兵于民。这与陈亮以荆、襄为汉中支持据点的看法颇为类似，又强调依山傍水建城寨，组成互相呼应的防御线，要求先固守后进取，采见机行事、突击行动的方针，逐步收复故土。且因人口集中于闽、浙一带，富足天下，独为东南之望，应该正视而利用，因应情势，通时达变，不该坐待其衰："夫分闽、浙以实荆、楚，去狭而就广，田益垦而税益增。其出可以为兵，其居可以为役，财不理而自富，此当今之急务也。"至于江南东路、江南西路、荆湖北路、荆湖路等军队，仍是主力，进可攻退可守。

以上是战略部署。

除此之外，叶适同时也希望进行兵制改革，他指出四类兵种，分别是边兵、宿卫兵、大将屯兵、州郡屯兵，因采募兵制，支出巨大，但又非骁勇善战，功能亦不彰，而国家财政被兵制拖垮，士兵却又没有稳定经济收入，因为钱粮早就被层层关卡剥削，贪赃枉法。

以屯兵为例，叶适指出："敢问四大兵者，知其为今日之深患乎？使知其为深患，岂有积50年之久而不求所以处此者？"当年张浚、吕祉、秦桧等人，识见不明，昧于时势，张浚收刘光世兵权，却驭制无策；吕祉调解王德与郦琼无方，结果被杀，导致淮西兵变；秦桧虑不及远，急于求和，更属下策。这些情况，导致军队统御无方，缺乏士气与战力。不止如此，秦桧更以南方财力养此四兵，军多财少，加上高层贪污，经济困窘，秦桧依然安于其位，老疾而死，继任者依循苟且，亦欠缺知时明势的眼光，冗兵耗财，更是难以解决："故朝廷以四大兵为命而困民财，四都副统制因之而侵刻兵食，内臣贵幸因之而握制将权，蠹弊相乘，无甚于此。"

屯兵如此，宿卫兵亦然，同样也是冗兵问题严重。叶适直言，如果不能裁减宿卫兵，国家财政必定愈来愈吃紧。还有州郡的财务状况，同样因为冗兵实在太多，例如厢、禁、弓手、土兵等。偏偏关于这些养兵规定，层层叠叠，烦琐又麻烦，一环牵着一环，结果兵力看似愈多，国家却愈穷。可是国家财政哪里来？还是出自税收，百姓生活愈来愈难过、困苦，必须应付中央政府、州郡政府各种苛索，时不时还有天灾意外等。

照理来讲，养兵千日，用在一时，只要军队精锐，勇敢顽强，这些军事费用，当然花得很值得。但偏偏事实并非如此，养兵不战，战了又未必优势，训练也不够扎实，武器也必须改善，如此军队，要来何用？叶适说："遂至于忘雠耻、弃诸华、废天命，礼坏乐失，积众弊而莫革者，宿卫屯驻之兵困之于上，厢、禁、弓手、土兵困之于下而已！"

兵员过剩，积习已久，自然牵涉许多既得利益者，故阻挠不断，可是改革之难，仍在于当权者缺乏识见，不能看清现实情势，叶适说得很直接，那些反对者，都说兵员很重要，但又不愿意改革军队，竟然还有人昧着良心议论，大发厥词，说："恃兵之固，制兵之善，可因而不可改，可增而不可损……"如此种种，正是国家的大问题。

如果问这些反对者，北方外族，愈来愈强，请问该如何抵御，自身又该如何准备？他们的回答，多数是和稀泥，答非所问，"问其外御，则曰：

'请和不暇'；问其内备，则曰：'仓卒可虑'，统制、统领、总管路钤将兵之官，充满天下，坐糜厚禄，而兵未尝有一日之用"。这些人，缺乏看透世事的眼界，既无远虑亦无深谋，只能照章行事，素餐尸位，守旧保守；既不能令，又不受命，所以改革也就遥遥无期。

但是，值得我们注意的是，叶适强调事功，为后人所知，但他终究还是儒者。军事很重要、外交很重要，最关键的还是儒者始终对统治者强调忠心：教化德至，孔子孟子之道，才是万世之利。他把"迂阔"的意思，反过来讲，本来是贬抑，却成了称赞，他说孔子，无名无位，无权无势，不过就是一个没落贵族，一个老百姓，却为当时担忧，所以谋划未来，布局当下，在思想上、行动上、言行上，都希望可以为世界带来更多的示范与启发。不论是卫灵公问阵，还是齐景公问政，孔子的回答看似不切实际，好高骛远，很多人取笑孔子，骂他迂腐，专讲大道理，如"君臣父子""俎豆"之类。

而孔子如此，孟子又如何呢？叶适说孟子翻来覆去，就是讲仁义，只是孟子翼赞孔子，明知天下不可为而为之，精神实在可佩，可与孔子并列，称为"迂阔之最大"："而后世所以有迂阔之论者，自孔、孟始也。"看是难用，无补于世，吊诡却在于：殊不知后世君臣之道复立，礼义忠信之教复兴，永存于今世，承传无穷，岂不正是孔孟之功！当别人因物欲，只重视眼前小益小害，该攻何国、该征何税、该征何兵、如何称霸天下，争地夺城、与民争利时，孔孟早已走得更远，讲礼乐、说仁义、论士风、去兵足食、兴学爱民。

两相对照，究竟哪个才是长治久安之计？哪个才是真正为民为国呢？

所以叶适用反话来说："儒者以迂阔见非于是，所从来远矣！"孔孟所提出的，是长治久安之策、是安邦治国的大宗旨，只是君王们重视的只有当下成效、立即的成果，所以对孔孟等儒者，觉得不切实际，以为"迂阔"。殊不知孔孟并非不懂这个道理，只是他们认为这些短期做法，都是扬汤止沸、添薪救火，于事无补。可以这么说，叶适推崇"真迂阔"，就在于他们才是"弥纶以通世变"的真正实践者。而推源溯始，仍在于这些人有着"兢省以御物欲"的道德情操。因此，就叶适看来，"迂阔"是短视近利者的批评，但真诚的儒者，弥纶通变，兢省御欲，往往都是眼光宏远、看清时势的"真迂阔"。

除了叶适，我们还可以拿陈亮当例子。陈亮，字同父，婺州永康人，人称龙川先生，陈亮年纪比叶适稍年长六七岁。庆元党禁发生时，陈亮已身故，当然也不可能见到韩侂胄北伐的行动。

在宋孝宗时期，陈亮的军备言论，颇引起一些舆论注意，不过并未被宋孝宗采纳。他的许多观点，与后来的叶适，往往不谋而合。

陈亮的《中兴论》，包括《开诚论》《执要论》《励臣论》《正体论》等，共五篇。文中，他特地指出军事的重要性，南宋对于北方外族，更应该要注重奇与变。长江天险，事实上是南北方共有，但北攻南，往往不利，因北方不习水战。反过来说，南方北伐，也因为长江天险，粮食输送不便，后方补给困难。而这种地形，因为多是水运，缺乏变化，容易被敌方预判、事先准备。所以在军事谋划上，奇与变，更为重要。

此外，战区的重心，应该在荆汉，湖北湖南地区，因为该处四通八达，往北，向东，朝西，甚至回到南方，都可以"控引京洛，侧睨淮蔡；包括荆楚，襟带吴蜀。沃野千里，可耕可守；地形四通，可左可右"。

因此，襄阳城就成为重中之重，必须重兵防守，严加修备。此外，均、随、信阳及光、黄等地区，环环相扣，彼此支持，互通有无，进可攻，退可守，都是必须部署的军事地带。

陈亮建议南宋朝廷，必须依照这里的地理状况、环境特色，建筑防御性的设备，不论是堡垒还是城堑，都有助于南北攻防。

在军事路线上，北方为了要防范我们这些措施，避免我方由此地区直进京、洛，就会增兵于附近，如京、洛、陈、许、汝、郑等地，对手也因此兵力分散，难以兼顾。则我方战略就会灵活，进退攻守，都有更多的空间。

如前所言，陈亮的看法，他论奇变："夫奇变之道，虽本乎人谋，而常因乎地形。一纵一横，或长或短，缓急之相形，盈虚之相倾，此人谋之所措，而奇变之所寓也。"奇变，其实就是权变，就不能墨守成规，太讲原则。必须睁一只眼闭一只眼，随时因应，若是过度求好，讲究完美，太担心损失与后果，必定难以进取。

这种心态，也表现在他对于经史的看法或是王道霸道的基本思路。首先，不论是经还是史，陈亮都是以"变"的眼光将之贯串。在此其中，"道"并不是永恒不变的事物，而是因时应势，变动不居的，这由反映在经中所载之道便可得见，而道因明变体现在经，道同样也借由明变而展现于史，道通于经，亦可通于史。至于史与经的关系，陈亮受到王通的启发，论史是为了读经，都是为了明世变、通权衡，最后得观古往今来，上下经史以得道。换句话说，就"道—经"来讲，经是古人通时达变之后，展现道的载体，故经是载道之书，经中之事，因不同情况而有不同的呈现方式，《六经》之所以各有特色，其因在此。就"道—史"来看，正如经里有当时之事，经可见道，史亦各有其事，当然也可见道。《六经》的时代，道的体现是经，《六经》以后的时代，道的体现则是史，但这种体现并非僵固不变，同样也是审时度势的结果。同理，每阶段的史也是不同的，是以陈亮论王霸，认为曹操与汉唐不同，也是由于这个缘故。

王霸之辨，早在孟子时，就直言：讲德治，行仁政，如三代尧舜之道，才是正确的，这就是王道。王道优于霸道，霸道则不可取。

陈亮最有名的论战之一，其实是跟朱熹书信往来讨论王霸的问题。陈亮认为，汉唐诸史之所以暗合三代，在历史中看到他们通权度变以求经旨，诸如汉唐君主许多施政行为是符合义理的，这是他们本于英雄之质，上窥三代之道，然后在适应于当代时势下的因权适宜。虽然无法做到如三代般尽善尽美。

这样的汉唐之道，并非如理学家说的毫无利欲，也非《诗》《书》中的洁净纯白。相较于三代之道，汉唐只能说是做得不尽，有本领无功夫。可以这么说，道在《六经》，尚可说是洁白无疵，可说是做得尽、有本领亦有功夫，但当道落在千百年的具体历史之中，时移世易，事物变迁，难免要行权通变，因此就产生了落差。

只是朱熹并不认可陈亮说的权变，讲权变毕竟变量太大，即便是权近于正，正的标准为何？恐怕也是人言人殊，因此权变很容易流于私欲者的借口，甚至合理化自己的行为，自以为是行正、做一套说一套。

有鉴于权变之流弊，所以朱熹才要以尽善、以唯精唯一功夫来要求。

因此朱熹认为汉唐非王道，也是因为他们的"权"，并不符合"经"，更非"不得已之权"。如前所言，汉唐皇帝所作所为是出于人欲，他们所谓的"仁义"，都只是包裹着自私自利之心的外衣而已，所以陈亮把汉唐视作通权达变，亦有道存焉，甚至于将史视为经的延续，就很难为朱熹所同意。

叶适、陈亮这些人，在中国学术思想史上，思考方式，颇不同于朱熹、陆象山等人，因此往往又以事功、功利的角度来强调他们的特色。就大范围来看，或许都可列入"南宋儒学""宋明理学"，但他们的许多意见，特别是军事方面，都颇有自己的见解，值得一说。

近代以来，许多学者都对叶适、陈亮等人有深入的研究。就他们看来，重历史、讲时变，究天人之际，通古今之辨以达时措之宜，正是叶适、陈亮等人论述的重心；又或是说他们乃所谓"功利主义""事功主义"或"英雄主义"的代表，不尚浮辞，突出事功实际，乃至于重英雄、重才气。

美国学者田浩曾说在更广、更严密的意义上，陈亮等人，可以说是功利主义者。在汉语中，功利主义首先强调两个相关目标：达到具体的结果、后果（功），增大政府提供给社会的利益好处（利），陈亮的思想与此颇为相符。

萧公权与劳思光，则同样是以这种角度来看陈亮的，或曰功利思想，或云事功学派，所言或有不同，但就讲究事功实效这点而言，并无二致。

但是，当时也有人认为，陈亮、叶适这些建议，述弊端、论王霸、说事功，可能都没用，或许是书生论兵，不切实际；或许是意见不一，言人人殊；又或者当局者缺乏眼光，既无远虑，也无近忧。

以上这些褒贬赞批，或是或非，或对或否，不管如何，真正的决策与路线，都不是他们说了算。不过，值得我们注意的是，叶适与陈亮的观点，虽未被官方完全采用，纳入国事，但许多讲法，如强调襄阳、水路的重要性以及路线计划等，显然渐渐汇流凝聚成舆论的关注点，影响了开禧北伐的规划。

二、初期胜利，辛弃疾的心情

虽然不是这些人说了算，他们却发挥了社会舆论的功能，从某种程度上来看，确实也对日后的开禧北伐，不论是路线规划还是进军补给，都有一定程度的影响。只是，韩侂胄的北伐路线，到底是怎么想的呢？

开禧二年（1206）四月，宋金两国已经开始有了小规模的阵地战。南宋方面，赢了几场战事，收复了几个县及乡镇，像是镇江都统制陈孝庆收复泗州，江州都统制许进也攻下了新息县，光州的地方忠义之士孙成也收回了褒信县，没过多久，陈孝庆又攻下虹县。似乎当年宋孝宗隆庆和议前的优势，形态愈来愈好，又再现了。

正因如此，出师有利，韩侂胄显得愈来愈有信心了。五月，在韩侂胄筹划、宋宁宗支持下，南宋正式跟金朝宣战。李璧还写了《讨金檄文》，本来韩侂胄属意由叶适来写，叶适因病推辞，最后决定由李璧动笔。左看右看，横看竖看，四五百字的宏文，胸怀大志，洋洋洒洒，连续用了好几个"华夏史观"蕴含的概念："家国""复仇""刷耻""名分""大义""中国"，等等，反过来看，又以血性动人的悲忾情绪，说明我们对于北伐故土故人的怀念："念愤""涕泗""怒气"，因此，对北方这些外族，"蠢兹逆虏"，士可杀不可辱，我们要反攻了！整篇文章，在民族大义以及复国精神的推动下，读起来，锵金鸣玉，血脉奔腾。似乎全国将士，都在等着与金朝决一死战，有你无我，战无不胜，驱逐鞑虏，恢复中华。

确实，朝野上下，也有许多人为北伐之举，感到开心，毕竟前线是真的打了几场胜仗，即便规模不大，不足以动摇金朝国本，但对宋朝而言，总归是好的开始。俗话说，好的开始是成功的一半。可惜另一半，就是失败。

传闻，有人作了《六州歌头》一词，据学者考证，作者可能是辛弃疾，也可能另有其人。不管如何，这首作品显然是大赞韩侂胄的。全文如下：

西湖万顷，楼观矗千门。春风路，红堆锦，翠连云。俯层轩。风月都无际。荡空蔼，开绝境，云梦泽，饶八九，不须吞。翡翠明珰，争上金堤去，勃窣媻姗。看贤王高会，飞盖入云烟。白鹭振振，鼓咽咽。

记风流远，更休作，嬉游地，等闲看。君不见，韩献子，晋将军，赵孤存。千载传忠献，两定策，纪元勋。孙又子，方谈笑，整乾坤。直使长江如带，依前是、□赵须韩。伴皇家快乐，长在玉津边。只在南园。

若依邓广铭《稼轩词编年笺注》的意见，"依前是、□赵须韩"一句，缺少一字，应为"存赵须韩"。关于这阕词，辛弃疾的各家注本，都无法确定写于何年，皆未编年。

回到本文，纵观文意，《六州歌头》上阕，主要写西湖春景，多是抒情，依景观情。下阕主角自然是韩侂胄，把他与历史上的人物作出模拟。例如保护赵氏孤儿的韩厥献子以及韩侂胄曾祖辈的韩琦。这两个人，自然都为国尽忠，鞠躬尽瘁，保存、扶持的都是赵氏。因此所谓"纪元勋""整乾坤""存赵须韩"云云，也是期望韩侂胄，所以结尾才说"长在玉津边。只在南园"。"玉津"是指玉津园，宋代四大皇家园林之一。玉津园不仅是皇室贵族的游乐园，往往也是军队演习，皇帝检阅军容阵势之处。"南园"，前已言之，则是韩侂胄的园林场所。

　　玉津园也是韩侂胄这辈子最后出现的地方，晚点儿还会谈到。《六州歌头》如果真是辛弃疾所作，其实也与陆游的《南园记》类似，都是违心之论、马屁之文。不过，即便反复推敲文意，也很难证明这真的是北伐初期的作品。

　　说到辛弃疾，也有段故事。辛弃疾与朱熹同游武夷山，行至九曲溪时，曾赋《九曲棹歌》。全文如下：

> 武夷山上有仙灵，山下寒流曲曲清。
>
> 欲识个中奇绝处，棹歌闲听两三声。
>
> 一曲溪边上钓船，幔亭峰影蘸晴川。
>
> 虹桥一断无消息，万壑千岩锁翠烟。
>
> 二曲亭亭玉女峰，插花临水为谁容。
>
> 道人不作阳台梦，兴入前山翠几重。
>
> 三曲君看架壑船，不知停棹几何年。
>
> 桑田海水今如许，泡沫风灯敢自怜。

四曲东西两石岩，岩花垂落碧㲯㲯。

金鸡叫罢无人见，月满空山水满潭。

五曲山高云气深，长时烟雨暗平林。

林间有客无人识，欸乃声中万古心。

六曲苍屏绕碧湾，茆茨终日掩柴关。

客来倚棹岩花落，猿鸟不惊春意闲。

七曲移舟上碧滩，隐屏仙掌更回看。

却怜昨夜峰头雨，添得飞泉几道寒。

八曲风烟势欲开，鼓楼岩下水潆洄。

莫言此地无佳景，自是游人不上来。

九曲将穷眼豁然，桑麻雨露见平川。

渔郎更觅桃源路，除是人间别有天。

辛弃疾写诗文，朱熹则是题字"克己复礼""夙兴夜寐"，送给辛弃疾。朱熹死于庆元六年（1200），此时离党禁解弛还有两年，庆元党禁仍在，《宋史》说此时"门生故旧至无送葬者"，也仅限于刚亡之时。事实上，七八个月之后，许多同道、门生、仰慕者，就在福建建阳为朱熹举行了隆重的葬礼。辛弃疾更是刻意赶来，为文往哭之曰："所不朽者，垂万世名。孰谓公死，凛凛犹生！"《左传·襄公二十四年》说"三不朽"，立德、立功、立言，在辛弃疾看来，朱熹的不朽，虽死犹生，是当之无愧的。

所以，《六州歌头》是否为辛弃疾所作，有待考证。辛弃疾佩服朱熹，敬重其学识为人，虽韩侂胄与朱熹不对盘，却也不会影响彼此间的私下交往。毕竟，辛弃疾对于韩侂胄的北伐还是赞成的；对这些初期胜利，自然也是开心的。

其实，早在十三年前，辛弃疾期望北伐真的实现，只是政局不明，迟迟不能开战，他一直感到有志难伸，曾有《水调歌头》（壬子三山被召陈端仁给事饮饯席上作）：

长恨复长恨，裁作短歌行。何人为我楚舞，听我楚狂声？余既滋兰九畹，又树蕙之百亩，秋菊更餐英。门外沧浪水，可以濯吾缨。

一杯酒，问何似，身后名。人间万事，毫发常重泰山轻。悲莫悲生离别，乐莫乐新相识，儿女古今情。富贵非吾事，归与白鸥盟。

辛弃疾《水调歌头》成于绍熙三年（1192），"……余既滋兰九畹，又树蕙之百亩，秋菊更餐英……"出自屈原《离骚》："余既兹兰之九畹兮，又树蕙之百亩""朝饮木兰之坠露兮，夕餐秋菊之落英"。两者都是比喻自己性情耿介的意思。从宋代以来，"夕餐秋菊之落英"此句是学术界的一个问题，搞训诂的、字义的、比喻的，言人人殊，莫衷一是，王安石、苏轼、欧阳修都有讨论。而"夕餐秋菊之落英"，"落"不是"结束"之意，而是"落成"的"落"，是初始、始成的意思。"秋菊之落英"是指刚开放的菊花花瓣，屈原是否真的是早餐喝木兰花露，晚餐吃菊花，不必在意，主要还是比喻其清高明洁的意思。

辛弃疾此时原在福建任职，岁末奉召转赴临安，这一年，他与朱熹交游甚繁、愈来愈熟稔，两年后（绍熙五年，1194年），朱熹也入朝了，只待了 40 天就下台了。我们在第一、二章也说到，这是政争激烈的时期，在内，两个皇帝互相不满（宋孝宗、宋光宗）；在外，两个集团互斗争权，争者为何？简言之，宋孝宗的"恢复"派与宋光宗的保守派，"官僚型士大夫"集团与"道学型士大夫"集团，两派不对头也。

《四朝闻见录》乙集《孝宗恢复》条，宋孝宗见宋高宗，常说要北攻中原，统一中国，"力陈恢复大计"者，北伐是也，而宋孝宗晚年的"恢复大计"，正好与"得君行道"派的集团如朱熹、陈傅良等人相似，不必说，辛弃疾最大的心愿就是北伐，所以朱、辛二人的交好、两人"任重而道远"的观念相似，由此可见。只是辛弃疾不为时用、不被重用，无可奈何，也就只好"却将万字平戎策，换得东家种树书"了。

这也是辛弃疾写《永遇乐·京口北固亭怀古》的初衷。全文如下：

千古江山，英雄无觅，孙仲谋处。舞榭歌台，风流总被，雨打风吹去。斜阳草树，寻常巷陌，人道寄奴曾住。想当年，金戈铁马，气吞万里如虎。

元嘉草草，封狼居胥，赢得仓皇北顾。四十三年，望中犹记，烽火扬州路。可堪回首，佛狸祠下，一片神鸦社鼓。凭谁问，廉颇老矣，尚能饭否？

明代杨慎，一向以博学闻名于世，他就曾称赞这是辛弃疾全部作品中最好的一首。

根据邓广铭《稼轩词编年笺注》的说法，这阕词写于开禧元年（1205）。正是开禧北伐的准备阶段。此时的辛弃疾原本赋闲在家。就在前一年，嘉泰四年（1204），重新被起用，担任浙东安抚使。没多久，辛弃疾又受命知镇江府，出镇京口。京口为军事要地。看起来，一向主张北伐的辛弃疾，守得云开见月明，朝廷似乎准备要重用他了。

实际上，当然不是如此。

韩侂胄并没有真的把辛弃疾当成自己人，重新任命，往往也是一种政治宣传作用，形式大于实际，呼吁重于信任。毕竟，拉拢辛弃疾这类的人，名声既好，舆论也支持，何妨多多益善？多一个朋友，绝对好于多一个敌人。辛弃疾或许也明白自己的处境，朝廷要重用，大概是很难了。自己的北伐理想与规划，朝廷理不理解、愿不愿意理解、怎么理解，恐怕又是另一回事。但是，退一万步来想，有动作总比悄然无息好得太多了。退而求其次，愿意北伐，总比枯等枯坐来得好。

而功业成与不成，志业能或不能，其他干扰的因素太多，凡事尽力吧！

如此心境之下，这阕词，又更有深意了。题名《永遇乐·京口北固亭怀古》，京口为三国时期孙吴所设置的关口，也是南朝宋刘裕发迹之处。

京口位于今日江苏省镇江市，古往今来，很多人在此发生故事。故此地旅游观光地方颇多，特别是后人仿造的三国景点，诸如刘备孙权试剑石、鲁肃墓、太史慈墓、孙尚香望江亭等。

前面已经说到，当时辛弃疾受命驻防京口。凭吊古战场，不恨古人吾不见，恨古人不见吾狂耳，表面为"怀古"，实际上是借他人酒杯，浇自己块垒。

全篇典故并出，多是古为今用，古人的话少，自己的话多。所以从孙权谈到刘裕，并聚焦在自己身处的京口。遥想他们的功业，"想当年，金戈铁马，气吞万里如虎"，孙权东和刘备联手共同抗曹；刘裕则是从三级贫户，努力奋发，抓准时机，正如孟子所说："虽有智慧，不如乘势；虽有镃基，不如待时。"

前人如此，今人呢？

辛弃疾省思自己的处境，自然是豪情壮志，志在千里，恢复之情，不能自已。也就在这些言语中，隐隐中又有失落。北伐态势已定，当然很好；可是韩侂胄此类人，到底靠不靠谱？在北伐过程中，我（辛弃疾）又该、又能担任怎么样的角色？真是既期待，又怕受伤害。"元嘉草草"，"元嘉"是南朝宋文帝刘义隆的年号，当宋文帝在位时，确实有恢复北伐的志向与机会。历史记载，曾有三次北伐计划，分别是元嘉七年（430）、元嘉二十七年（450）、元嘉二十九年（452）。不过每战每败，一次比一次输得更惨。打仗打得动摇了国本，激化了国内各方矛盾，导致在宋文帝去世后，南朝宋陷入无止境的内乱与互斗。

"封狼居胥，赢得仓皇北顾"，连用二典，典中见典，层出不穷。原来宋文帝在第三次战争，也就是元嘉二十九年（452）的战争中，彭城太守王玄谟陈北伐之策，南朝宋文帝刘义隆听了，觉得计划甚好，热血沸腾，似乎一夕之间，就想将"强虏灰飞烟灭"。

王玄谟鼓励宋文帝，根据《宋书·王玄谟传》记载，原文是："（宋文帝）闻（王）玄谟陈说，使人有封狼居胥意。""狼居胥意"是什么意思？这又是辛弃疾用的另外一种典故了。"狼居胥"就是"狼居胥山"，现在称为肯特山，成吉思汗时，又称为不儿罕山，位于今天蒙古国东北部的中央省和肯特省。

根据《史记·卫将军骠骑列传》以及《汉书》的记载，汉武帝元狩四年（前119），卫青、霍去病受汉武帝之命，由定襄、代郡出发，跨过沙漠，各自率领汉军，分道出塞，远征北伐，准备与匈奴决战。

此时有个插曲，被匈奴称为"飞将军"的李广，也参与此战，还是人生的最后一战。他隶属于卫青的军队，却与卫青不和，卫青故意把李广安排支持东路，并未放到主力。偏偏李广又在沙漠中迷路，迟迟未与部队会合，导致战况失利。李广受到卫青指责，卫青扬言又要军法处置，李广不甘受辱，愤而自杀。

不过，卫青的侄儿霍去病倒是大胜，大败匈奴左贤王，歼敌七万，还活捉匈奴不少领导级人物。匈奴败部北遁，霍去病军团持续猛追，到狼居胥山，霍去病在山上积土增山，举行祭天封礼，象征此次的大胜利。没多久，霍去病又在附近的姑衍山举行祭地，并在瀚海刻石记功。祭天地，刻石铭记荣耀后，志得意满，风光回国。

当南朝宋文帝闻到王玄谟说，"使人有封狼居胥意"。脑中或许也浮起了胜利的想象：大败敌人，胜利归来，百姓夹道欢呼，历史永久留名。不过，理想是丰满的，现实却是骨感的。南朝宋文帝最后一次北伐，依旧大败收场。尸横遍野，损兵折将，想象中的欢呼声，被士兵的哀号声替代。可见词中的两层典故，辛弃疾都是遥想古代，立基当下的。

"四十三年，望中犹记，烽火扬州路。"四十三年前，大概是宋高宗绍兴三十二年（1162）左右，这时宋孝宗被立为太子，没过多久，宋高宗让位，宋孝宗登基，年号隆兴，如本书第二章所言，这时宋孝宗对北伐跃跃欲试，命令老将张浚进军中原，结果在符离大败，遭遇金军突袭。隆兴二年（1164），宋孝宗与金国签订《隆兴和议》。

"佛狸祠下，一片神鸦社鼓。"魏太武帝拓跋焘，鲜卑名佛狸伐。佛狸是官号。南朝宋文帝最后一次北伐，就在元嘉二十九年（452），本欲"封狼居胥"，结果是对方立行宫，自己狼狈撤退，北魏太武帝击败王玄谟的军队以后，庆祝大胜，在山上建立行宫，后来称为"佛狸祠"，地点在今日的南京市六合区附近的瓜埠山上。辛弃疾用了这个典故。

43年后，少年子弟江湖老，红颜成了白发。辛弃疾志向不改，天天见证，时时期盼，豪情虽在，人却已老，河清之望，开禧北伐，更在此时。开禧北伐，到底又会如何呢？结果依旧是让人失望的，就在签订《嘉定和议》的此年，韩侂胄被各种舆论攻击，恼羞成怒，要辛弃疾再度出山，此时的辛弃疾，病已沉重，终老死去。

三、终局之战，全面崩溃

真正麻烦的，还是韩侂胄的用人问题与前线战况。按照当时的计划，韩侂胄命令南宋军队，三路出兵。由东、中、西三路，东部由两淮、中部以京湖、西部则是以四川，三路并发，向金国发动进攻。分头进击，希望扩大战线，展开包围。以薛叔似为京湖宣谕使；邓友龙为两淮宣谕使；程松为四川宣抚使，吴曦副之。吴曦后来又升正，并兼陕西、河东招抚使；郭倪兼山东、京、洛招抚使；赵淳、皇甫斌兼京西北路招抚使、副使。

说到行军，这里可以说个数字，供读者参考。根据李零《兵以诈立：我读孙子兵法》的说法，他读《左传》等书，有个词，叫"舍"，也就是安营扎寨的意思。但"舍"常常也用来当作行军速度的单位。一舍大概有多少？其实就是 30 里的意思。就是说，一日行军 30 里，就要驻军，人马都需要休息，所以 30 里是常规速度。

那么，30 里是多少？古代的里，当然与现代不同。那时的 30 里，大约是今天的 25 里；50 里，大概是今日的 42 里；100 里，则相当于今天的 83 里。春秋时期，双方谈判，如果要后撤一舍、两舍或三舍。那么一舍是 30 里，两舍是 60 里，三舍就是 90 里。双方后撤 90 里，大概是今天的 75 里，距离相当远，基本上算是两军脱离接触了。所以《左传》说晋文公"退避三舍"，就是后退 90 里的意思。

当然，统计数字是先秦时期，距离宋代，时间已相当遥远，度量衡等制，也颇有不同。只是有一点是互通的，古时行军不便，没有飞机，没有坦克，当然也没有航母，人的速度又有限，所以行军自然不可能如飞毛腿般神速，成语说的日行千里等，固然有实际的一面，却也常是比喻居多，因此行军地形，事前的规划是相当重要的。

所以韩侂胄的三路出兵，其出兵路线的选择，也是斟酌过的。综观三路，路线不同，地形当然也不一致。一般来说，东路，渡淮北上，离中原最近，多平原，行军也比较快速，是主战场。西路由四川经汉中，北向中原，声东击西，分散敌方注意力，颇有当年诸葛亮"扬声由斜谷道取眉，使赵云、邓芝为疑军，据箕谷，魏大将军曹真举众拒之"的感觉。

重点是，朝廷正式下诏三路出兵相互配合北伐之前，那些小胜利的成果（收复的泗州、新息县、褒信县、复虹县等），理应颇有胜算。不料，自此之后，南宋军与韩侂胄就再也没有赢过了。我们说过，东路军路线是规划中的主战场。主帅是郭倪，他先攻下泗洲，志得意满，自信心爆棚。他要再接再厉，派了弟弟郭倬和李汝翼进攻宿州，又派毕再遇进取徐州。

说到郭倪，此人太有趣了。根据岳飞的孙子岳珂的著作，他在《桯史》中的记载，专门为郭倪列了一条《郭倪自比诸葛亮》。

大意是说，郭倪自以为诸葛亮再世，有样学样，装模作样，还在自己的扇子上题了字，用了杜甫写诸葛亮的诗："三顾频烦天下计，两朝开济老臣心"。岳珂早就听过传闻，将信将疑，觉得天下哪有人如此。直至亲眼见到郭倪本人，看了看，手上确有把扇子，果然也题有这么几句。

不只如此，似乎全世界的人都知道郭倪跟诸葛亮的关系，在与他相处的过程中，还常常用蜀国的典故来赞美（或者是揶揄）他。例如陈景俊有次跟郭倪敬酒，就当他的面说："木牛流马，则以烦公。"郭倪见到吴衡，还拿当年诸葛亮斜谷祁山一事，耍嘴皮吹牛。

历史上，有几种诸葛亮，彼此互有关系，但也有各自的脉络：被刘备发掘，讲隆中对，平定南蛮，写出师表，北征魏国的，是这个曾经的历史人物诸葛亮；另外一个，是鲁迅所说："多智近乎妖"，出现在诸如平话、演义、小说，乃至于当今影视、电玩、改编中的诸葛亮；还有一种，是民间神祇化的信仰，未卜先知，料事如神，到有求必应，替人排忧解难。例如台湾中部的南投县鱼池乡，就有一座孔明庙。香火颇盛、声名远播。信徒有各种困惑、疑难、杂症，都会来此，上香请示，默念掷卦，求签问事，寻求解答。庙中采用的签诗系统，其实就是民间信仰中的金钱卦系统，一共三十二支签，而非常见的六十甲子签。

最后一种，不是诸葛亮本人，也不是孔明神仙，而是诸葛孔明转世、投胎、再生、复制、克隆、重现。就有这么一群人，例如郭倪，自称是诸葛亮的天纵英才。可是郭倪、郭倬，郭氏一家，实在输得太惨了。

郭倬的先锋大将是田俊迈，此人勇猛骁勇，叶绍翁《四朝闻见录》说："（田）俊迈，当开禧北伐之时，颇建军功，在短短数日之间，攻破宿州，取下灵璧、虹县等地，一时之间，风头颇健，有势如破竹，威不可当之势。可是谁能料到，不旋踵间，郭呆大败，想跟金国求和，对方回答说要谈和可以，只是我们谁都不要，一定得把田俊迈交出来，因为田俊迈杀伤我方人马太多，罪大恶极，要付出代价。我们只要他的人，你们把他送过来，以示诚信。"

此处记载恐怕有误，郭呆就是"再世诸葛亮"（其实是"带汁诸葛亮"）郭倪的叔父。绍熙内禅时，赵汝愚就是透过郭呆（赵彦逾为说客），控制了禁军。

郭呆死于宋庆元六年（1200），田俊迈与开禧北伐，已是数年之后的事情了，郭呆不可能死而复生，如《四朝闻见录》所言，郭呆出卖了田俊迈。不过历史上郭呆确实做过类似的事情，南宋戍卒张威等，大概百余人，为躲避徭役，逃入黑谷中，被金国捕获，准备移交，结果到了郭呆手上，通通杀掉，并未上报中央。郭呆没出卖田俊迈，却出卖了这些人。

战争初始，田俊迈与忠义军联手，状况、士气都不错，金军确是不敌，边打边退，从野战退到城战。不料猪队友郭倬、李汝翼到了，该来的时候不来，不该来的时候却准时到达。眼见田俊迈与忠义军即将得胜，自己抢着入城，唯恐失去功劳，竟然在后面放箭，射杀自己人。

此举引得忠义军不满，也莫名其妙，导致士气大衰，乱成一团。此消彼长，金军抓住机会，置之死地而后生，人人奋力猛攻，南宋军竟然因此大败。

在《桯史》的《二将失律》一条中，有非常详细活灵活现的记载。读完此条，感叹之余，更多的是辛酸。当金朝守军欲降，忠义军已登上城门，猪队友却抢着进城拿头功，在城外乱箭如雨地自己人打自己人时，金朝守军反而感到莫名其妙，转而暗自庆幸："是一家人犹尔，我辈何以脱于戮？"

此仗一输，全盘皆倒。后来金军用计，烧掉了后勤辎重粮草。暴雨又至，南宋军又饿又冷，金军趁势突击，宋军大败，落荒而逃，又被重重围困。郭倬想求和，金军将领撒孛堇说："好，把田俊迈交出来。"郭倬只好牺牲他，于是以论议军情为借口，约田俊迈商讨，结果田中计被缚，准备将其送至金营，田俊迈不甘心，大喊："俊迈有罪，太尉斩之可也，奈何执以与虏！"

郭倬与李汝翼心虚，面面相觑，哪敢接话？现下，他们只想投降输一半，快点把田俊迈交出去。保住性命，快点回家！原来叶绍翁《四朝闻见录》不完全写错，只是主角是郭倬，不是郭杲，虽然他们都是一家人。岳珂对他们的评价是："（郭）倪、倬、僎，皆棣、杲、果之诸子，（郭）浩之孙，世将家，宠利盈溢，进不知量，隳其家声云。"宠利盈溢，进不知量。再世诸葛亮的故事，还没结束。将田俊迈交出去后，金军却公然说谎，不守约定，言而无信，当郭倬等人撤退的时候，金军趁势出击，看来是要歼灭对方了。幸好，郭倬命不该绝，毕再遇听说军败，赶紧率部队前来相救，《四朝闻见录》说毕再遇身材短小，却是武艺超群，勇猛过人。开禧北伐时，毕再遇年已60，老将不服老，出入阵中，杀进杀出，万死莫敌。

本来金国就有所谓的毕将军庙，据说有段时间，颇为灵验，金朝兵曾误以为毕再遇就是毕将军神，错把活人当鬼神，惊愕不已。金朝追兵与毕再遇军相遇，人数相差悬殊，毕再遇军因连夜赶路，轻装上阵，又因为灵璧守将陈孝庆撤退，军力不足。殊死战间，毕再遇且战且退，退至灵璧，放火烧城，借此迷惑金军，同时也照亮退路。金军一时间不知虚实，难以反应，进退犹豫。总算郭倬等人运气不错，经历折腾，命是保住了，可是东路军如果还想有所作为，还想着继续北伐，看来不可能了。

郭倪自己率兵与金人决战，又在六合大败，狼狈而返。郭倪军队惨输，东路军另外一线的李爽军，进攻寿州，屡攻不下。结果被金兵夹击，仓皇撤退。

事已至此，郭倪惨被岳珂嘲笑，《桯史》记载这样的故事：郭倬在符离战败崩溃，郭僎在仪真战败崩溃，郭家人，从一人输到一路输，郭倪觉得自己仕途完蛋了，对着宾客大发牢骚，泪眼汪汪，哭泣流泪。彭瀍在旁看到了，此人天生幽默感太强，喜欢嘲讽，对人说：郭倪自比诸葛亮，此情此景，简直是“带汁诸葛亮”。绰号取得太传神，听者绝倒，郭倪听说此事，大怒，却又拿他没办法。

“带汁诸葛亮”，“汁”就是眼泪、哭泣，自以为诸葛亮再世的郭倪，想到这些败战，想到自己未来前途、升官发财的希望，大概玩完了，于是眼泪汪汪，对客哭泣。如果用当今流行的网络语言，诸葛亮泉下有之，可能会说：“我也是醉了。”郭倪的眼泪，只为自己，因为他永远只想到自己。请问，因为败仗而家破人亡、妻离子散、孤苦无依的军民百姓，又该向谁哭去呢？

中路军的表现也很差，皇甫斌因急躁贪功，还没有接到军令指示，就独自率兵进攻唐州。没想到金军早有防备，皇甫斌一败再败。而皇甫斌另外派出的分攻蔡州的军队，遇上大雨，河水暴涨，迟迟未动，进退不得，徒耗食粮。结果被金军趁夜包抄，断桥、封路、劫粮、杀伤，大败而归，损失兵马辎重无数。西路军的表现也很糟，或许更惨。

前已言之，限于地形或是其他原因，相较于中路、东路，西线可以说只是牵制作用，虚张声势，甚至作为一种"疑兵"，迷惑对手用的。可是，西线可能是最让韩侂胄难堪、伤心的。西线战事虽然是最早发起，攻势力道并不猛烈，统帅程松一开始颇有些功绩，夺占一些关隘与城寨，也仅止于此，多数时间还是输，后来不但打不赢，连曾经攻克的关隘与城寨，也一并被拿了回去。

吴曦就更不用说了，进攻秦州，屡战屡败，因为他根本没尽力，根本不想赢。蜀地本来就是他的大本营，从他父亲吴挺开始就在蜀地为帅，家族在地方上颇有势力，相互勾结者甚多。

吴曦是抗金名将吴璘之孙。根据陈希丰《吴璘病笃与蜀口谋帅：南宋高孝之际四川军政探析》的研究，宋孝宗当政时，对吴璘恩遇宠信，并承诺其子吴挺，子承父业，继掌兴州大军。另一方面，又担心吴氏父子尾大不掉，难以管理，于是用诸多借口，另觅兴帅继任者。吴璘去世后，吴挺守丧，本来接任兴州都统制，朝廷显然颇有忌惮，起复金州驻扎御前诸军都统制、金房开达州安抚使，后又改利州东路马步军总管；吴挺离开后，宋孝宗本打算以重建分封的方式，任命任天锡、吴胜分掌兴州、兴元二司，就此管制限缩吴氏家的蜀地势力。不过，两位人选显然才德、威望皆不足，素质堪忧。最终，在无将可用、无可奈何之下，只好从京湖战场调出员琦，出任兴州都统制，并要吴拱接掌兴元都统司。

宋孝宗以来，对于吴氏家族在蜀地根深蒂固的问题，始终难以解决，或由外人接手，或由吴氏继续，如吴玠、吴璘、吴挺、吴拱等，始终摇摆不定，难有果断，只好有限度地任用。

赵汝愚当年早有先见，在吴挺逝世时，找个借口，把吴挺的儿子吴曦调回杭州，给了一个高级头衔，名惠实不至，就是要把他从老巢调出去，无力施展其在蜀地的家族统治势力。韩侂胄当政了，又把吴曦调回四川，还自以为对他有恩，给予机会。当然，韩侂胄会这样做，是有原因的。根据《四朝闻见录》的说法，是因为吴曦贿赂苏师旦，苏师旦又是韩侂胄的人。层层叠叠，关系深厚，很多事，有关系就没关系，于是就"乔"成了。

吴曦只想在蜀地当老大，既不是真的想北伐，当然也不愿因为此事与中央有疙瘩。于是依违两端，半打半不打，拖拖拉拉，金朝的情报系统早就得到了消息。看准情况，抓到机会，金章宗决定招降吴曦。招降书写得实在是辞情并茂，让人读了飘飘然。

我们都知道，《孙子兵法》曾谈到用间，就是间谍战、情报战，强调"间事为重""五间之用""上智为间"。意思就是说，打仗要花钱，战争消耗是极大的，就算是打赢了，胜者损失同样多，而使用间谍也要钱，相比之下，后者太划算了。而间谍有五种，五种都要并用：因间，用敌国百姓为间谍；内间：用敌国官员为间谍；反间，策反收买敌国人物，为我所用；死间：故意制造假情报，混淆对方；生间，我方潜伏的间谍，要确保消息的准确以及迅速效率程度。

金章宗显然深谙此道，间谍、情报的交互穿插，看得很准确，出手也精明，所以才有了这封招降书。书中把吴曦比作岳飞，同样深明大义。岳飞尽忠为国，结果身死后冤，可见对宋朝、对赵家尽忠，还不如多为自己想想。人不为己，天诛地灭。更何况，阁下（吴曦）在蜀汉已是一方之霸，根本不需向人低头。宋朝中央对你早有猜忌，名为君臣，实乃路人。宋朝不讲信义，对金国开战，将来过河拆桥，同样把你搞掉，也是有可能的。试问，今日对你的诸多保证，又如何能信？

吴曦兄弟，以你英伟之姿，相貌堂堂，仪表不凡，谋略智计，都是一流的人，却处危疑之地，未来该如何走？想来必能深识天命，洞见事机。

金章宗对吴曦的称赞，就像电影《鹿鼎记》周星驰扮演的韦小宝常说的："我对你的景仰，犹如长江之水滔滔不绝，如黄河泛滥一发不可收拾。"蜀汉归你，可称"蜀王"，我们并肩联手，如何？

你懂的。

还记得我们前面提到的说服之术吗？你要打动人心，打中心坎，就必须知道对方想要什么。在蜀地当老大，就是吴曦想要的。金章宗的讲法，正好说到他的最大欲望，完全精准。吴曦答应了，早早就暗通款曲，台面下，彼此互通有无，已有多时。南宋情报网，竟然茫然不知，还做着北伐恢复成功的春秋大梦。

程松听闻此事，连夜逃跑，半路还是被吴曦的人截住，就在程松万念俱灰觉得自己完蛋了的时候，没想到对方竟然不杀自己，还送上一堆金银财宝。程松虽然莫名其妙，可是性命更重要，钱照拿，马照跑，逃得更快更拼命！

但是，吴曦在蜀地虽有势力，他愿意降金，并非人人都愿意。或许他志得意满，一时疏忽，疏于防备，当时的合江仓官杨巨源以及安丙、李好义等人，密谋要暗杀吴曦，除掉国贼。于是就在月黑风高之夜，他们闯入吴曦所在宫殿，捅死吴曦，分裂尸身，首级送往南宋首都临安。为免后患，将吴氏家族，赶尽杀绝。吴曦的儿子、叔父吴柄、弟弟吴晫、堂弟吴晛，还有吴曦的同党，诸如姚淮源、李珪、郭仲、米修之、郭澄等也全部被杀死。吴曦称蜀王，总算是得其所愿，却也不过40多天，家族亲友尽灭。南宋中央政府收到消息，宋宁宗决定下重手，将吴氏相关人等，除去名籍，全部迁出蜀地。

最严重的还不是这个。

北伐大军，出征时，旗帜飞扬，神采奕奕。如今北、中、西三路，几乎全败，有将领自私，战略失误的；有未战先溃，不打而降的；还有根本不知道在干吗的，难以解释其行为。我们如果用电玩术语，只好说：大概是"挂机"了。

面对战况，败绩频传，叶绍翁《四朝闻见录》说韩侂胄担心忧虑，起卧不安，仿佛一夜之间老了好几岁，头发胡须鬓角俱白。考虑再三，韩侂胄决定中止北伐，也因为邓友龙等人靠不住，韩侂胄以丘崈代替邓友龙，命他为两淮宣抚使。就连之前攻下的泗洲，一并放弃，全军撤退，转攻为守。专心严防襄阳地区，以免恢复不成，赔了夫人又折兵，襄阳若失，可是动摇国本，要引起全国上下震荡的。

其实，根据岳珂《桯史》的记载，早在北伐之时，就颇忧虑所谓的三路进军，认为其简直是儿戏，并分析得入情入理，有史例，也有现实因素。

　　岳珂主要忧虑的是南宋准备不足。古人说十年生聚，十年教训，南宋显然严重缺乏。所谓的北中西三路，看似全面进攻，其实势单力薄，难以成事。江淮为唇齿之邦，关陕乃腹心之地，如此轻易出兵，本来地理优势稍属于我方，如今主动进攻，变成我们要克服天险地形，趋难避易，实在让人难以理解。再者，关中京师一带，多平原，兵易进也易退，不好防守，更难与蜀秦两道互通有无，何况敌方又不是扯线木偶，动都不动，怎么会乖乖坐等我方攻击？不绕后不围攻不虚张声势不用心计？不论是由淮西则出寿春，或海道或陆路或山野，又或是从灵璧近据宿州，看似正兵，皆为危道。就算真的得了河南，不好防守，势必不能持久。更何况，舟师虽可用，平壤可制敌，崄道以出兵，补给馈饷则难以为继，已不是地形问题，根本是后勤准备不足，仓皇开战，自讨苦吃，自取灭亡。

　　就岳珂看来，当年，符离之战（1163 年，也导致隆兴和议的签订，详见第一章），就是因此崩溃的，莫非如今要重蹈覆辙？最后战事的发展，果然不幸被通通言中。可是，你以为就结束了吗？不，事情还没完。现在换南宋要烦恼了，由胜变败，转攻为守，本欲北伐，反被南征。

四、本欲北伐，反被南征

　　现在金国成了战争的主角。开禧二年（1206）九月，金军兵分九路，大举进击南宋。对金国而言，已是攻守交替；对宋朝而言，却是本欲北伐，反被南征。

　　金军浩浩荡荡，从四面八方以源源不绝之兵力往宋朝开来，用句方文山为周杰伦《黄金甲》所作的歌词，就是"这军队蜿蜒如龙杀气如风"。一时之间，宋军措手不及，兴化、枣阳、江陵、信阳、襄阳、随州、滁州、真州等地，或败或降，或失守沦陷，或围城断粮，或哭爹喊娘。战况如下：

纥石烈忽斜虎，进军清河口，兵力2万。又自清河口渡淮，包围楚州；

完颜匡，攻击唐州、邓州，兵力2.5万。攻下光化、枣阳、江陵，副都统魏友谅突围，逃奔襄阳。

招抚使赵淳，焚烧樊城，以免为金所用。金国军队，遂破信阳、襄阳、随州，进而围困德安府。

仆散揆，出兵颍州、寿州，兵力3万。又引兵至淮，假装派人测水深，放出假消息，准备渡水，决一死战。宋军守将何汝励、姚公佐中计，误信情报。结果被仆散揆偷袭成功，全军溃败，人马自相蹂践，死者不可胜计。仆散揆大获全胜，夺得颍口，又出兵安丰军与霍丘县，进围和州，在瓦梁河扎营，希望借掎角之势，身处有势地利之便，以控真、扬诸州。每日固定演习，整军列骑，张旗帜于沿江。

纥石烈子仁，目标涡口，兵力3万。又攻陷滁州，进军真州，南宋士民10余万人奔逃渡江。知镇江府宇文绍节收到消息，派出军队，乘舟载送，又给粮食支助。渡江而逃的军民才不至于团灭，陷于敌手。

宇文绍节，字挺臣，四川成都人。他的家族叔父都因为出使北方魏国而死，都没有儿子。宋孝宗就命宇文绍节继承其后。

金军战况，还真是像方文山为周杰伦所写的歌词：千军万马，血染盔甲，旌旗如虹，军队蜿蜒如龙，杀气如风。

此种情势，吓坏了南宋朝廷。

李璧，就是写北伐诏书的那位。他建议韩侂胄稳住人心，平息舆论，先惩处力主北伐的苏师旦。韩侂胄觉得有道理，于是把心腹苏师旦贬放韶州，牺牲他以保全自己；另外，王大节、李汝翼、皇甫斌、李爽等皆坐贬，并且斩郭倬于镇江。

韩侂胄要如何渡过这次危机呢？当然，我们以事后之明来看，韩侂胄是过不了这关的，他死定了。但就韩侂胄自己而言，他必须推卸责任，要甩锅，找出替罪羊。其实替罪羊何止苏师旦？只要能找到借口，谁都可以。韩侂胄的目的，就是要制造一个印象：北伐，是受群小所惑、被奸人所误。是他们骗了韩侂胄，是他们另有目的，别有居心，心怀不轨。用这种方式，跟金国谈和，其实是求和，才有借口，才有台阶下。不过，早在之前，仆散揆与丘崈早有联系，密谋关于谈和的事宜。

丘崈派出的密使，来回往返，语气放软，身段放低，要跟金国谈和。仆散揆答复说，要和，可以，三个条件，缺一不可。称臣、割地、献首祸之臣。仆散揆乃金朝名将，左丞相仆散忠义之子。仆散揆深受金章宗信赖，也因为金章宗授权给他，所以反而是由仆散揆主动派出密使，接触丘崈。密使也是韩琦的后裔，叫韩元靓。不过，显然仆散揆并不是要主动求和，因为主动权在他手上。他的意思也颇清楚，要打，金朝是不怕的，至于要不要继续打，南宋倒是可以决定的。

韩元靓非正式使节，是以个人身份，私下前来，这个韩琦后人，透过这种暗示，或许是希望传达给另个韩琦后人，不打是可以的，只是要如何处理对方的条件？

丘崈深知仆散揆的地位，说一是一，他的话自然有某种代表性、权威性。丘崈回信，说苏师旦、邓友龙、皇甫斌等坏人笨蛋，已受惩处。至于称臣、割地赔款一事，自无问题，可再详谈。

　　称臣、割地，宋朝已经很熟了，被糟蹋久了，也就习惯了。仆散揆相信这部分没问题。只是看到丘崈的回信，他直截了当：骗谁啊，苏师旦、邓友龙、皇甫斌是首恶？以为我们金国情报网络是吃素的？要是没有韩侂胄，你们敢打？

　　丘崈等人难以应对，也总算金国释出善意，有退兵的希望。一时之间，虽未完全退兵，总算有好的开始，两国开始打算循外交方式，了结此事。从和到战，再从战到和，韩侂胄的末日也快到了。历史的回旋，偏偏在于政治权力运作上，某些人的末日，往往又是其他人的重生之日。可是，悲哀的就是，不管是哪一日，不论是哪批人，玩法弄权，引用亲信，排斥异己，独掌大权，却又都是一致的。

　　韩侂胄垮了，还有千千万万个韩侂胄阴魂不散呢！那些韩侂胄曾经深信的坚固的东西，如友谊、金钱、权力、地位、人脉，也都烟消云散了。

第五章

◎

"一出涂地，不可收拾"：韩侂胄之死

一、金朝权力更替

在讲韩侂胄的最后结局之前，我们先换一个方向，谈谈北对南，金国对宋国的处理态度。面对宋军北伐，来势汹汹，金朝又如何因应？除了前一章说到的金章宗抓准时机，看清机会，招降吴曦之外，又做了哪些事呢？

其实，宋孝宗、宋光宗、宋宁宗时期，大概也就是金国的金世宗、金章宗时代。金世宗完颜雍，因为海陵王完颜亮南征宋朝时，他作为辽东留守，为曹国公，完颜秉德本来打算策划谋反拥立完颜雍，事败后被杀。上下交相疑，导致完颜雍处境也相当危险，受到完颜亮的监视。

不过，反败为胜的契机出现：刚好这时契丹撒八等人起兵反抗，完颜雍奉命出兵。此时，完颜亮南下侵宋的军队，许多是由辽东征调的女真兵，军队士气低落，多不愿南下，逃兵甚多。结果完颜福寿叛变，与完颜谋衍等人合谋，杀了负责监视完颜雍的高存福，并拥立完颜雍登基。

完颜雍即位后，下诏废黜完颜亮，改年号为大定，前赴中都，就是燕京。中都是海陵王完颜亮弒金熙宗之后，在天德三年（1151）决定由上京迁都至此，天德五年（1153），正式迁都中都，并改名贞元。中都，在行政区划上，属于中都路大兴府，所以又称为大兴城。

金世宗决定赴中都后，就命令完颜元宜率军袭击完颜亮，将其用乱箭射死。金世宗完颜雍，历史上又称赞他为"小尧舜"，在他统治时期，年号大定，故又称为"大定之治"。金世宗在位后，先平息契丹问题。南方情势，正如我们在第一章说过的，绍兴三十二年（1162）五月，赵玮（赵瑗）被立为皇太子，改名赵昚。同年六月，高宗禅位，孝宗登基，年号改为隆兴。宋孝宗继位后，热血沸腾，准备出征，肃清秦桧余党，追封岳飞，命令老将张浚北伐。

就在前一年，绍兴三十一年（1161），完颜亮率领数十万部队，整军备伍，越过淮河，抵逼长江，南下攻宋。结果前方不利，后方不稳，对外，采石之战，败军北返。对内，又发生政变，金世宗完颜雍即位。

可是，宋朝一方，宋孝宗的北伐计划，因为宋军将帅失和，导致在符离遭遇金军突袭，几乎全军溃败。金世宗刚即位，国内政情还不稳，契丹问题仍须处理，并未乘胜追击，反而答应和谈，先安内再攘外，就是我们提到的"隆兴和议"，后来南宋也因此改年号为"乾道"。

"隆兴和议"，又可称"乾道和议"或"大定和议"。这次和议的签订，所达成的共识：首先，诸如金宋为叔侄之国，当然，前者为叔、宋为侄，宋虽不再向金称臣，但自称晚辈，对方为长辈，泱泱大国，本来平起平坐，在面上里子上仍旧不好看。

再者，宋朝每年仍要岁贡，也就是晚辈供养长辈，只是不叫岁贡，改叫"岁币"，金额比以前少了些，但银 20 万两、绢 20 万匹，仍旧不少。最后，南宋交还先前攻占的海州、泗州、邓州、秦州、商州等地，两国的疆界终于恢复到战争前的状态，也就是"绍兴和议"时的情况。"隆兴和议"之后，南北无战事，大概和平了 40 年。

宋金不打，是因为金朝另有目标。海陵王完颜亮时期，国内民族问题严重，加上横征暴敛，契丹、奚族方面都不太平静，例如正隆五年（1160），前面提到的撒八等人的起兵反抗，就是规模最大的一次。

金世宗完颜雍，当年在受监视的情况下，也曾经出兵镇压起义。即位后，派人招降，招降者反被对方说服，投入敌方麾下。起义反抗势力渐大，甚至称帝。金世宗面对国内情况，无心再进攻南宋，决定先安内再攘外，与南宋政权维持和平，才有助于他平定骚动内乱，不损他的权位利益。

对于起义军，金世宗持续武力镇压，要完颜谋衍北征移剌窝斡；另一方面，也从内政行政方面下手，根据《金史》记载，大定二年（1162）二月，他颁布诏令："诏前户部尚书梁铢、户部郎中耶律道安抚山东百姓。招谕盗贼或避贼及避徭役在他所者，并令归业，及时农种，无问罪名轻重，并与原免。"四月："应契丹与大军未战而降者，不得杀伤，仍安抚之。后招诱来降者，除奴婢以已虏为定，其亲属使各还其家，仍官为赎之。"

两次诏令，目的都是为了招降，山东原本就是起义军的据点，因此派人安抚其地百姓。除此之外，这些起义军除了移剌窝斡之外，其余人等，不论性别族群，不论老幼贵贱，只要投降，一律既往不咎，复归本业，该干吗就干吗，绝不事后找麻烦、妄生牵扯纠葛。

不过，我们也不能过度一厢情愿，完全相信政治人物的承诺，以为金朝对待异族，较为仁慈。就在同年六月，高忠建在栲栳山大破奚族，栲栳山位于今日浙江。高忠建招降旁近奚六营，愿意投降者，当然很好；如果有不投降的人，男的杀掉，妇女童孺则分给诸军，当作赏赐。

不管如何，在军事镇压以及怀柔政策双管齐下的情势下，起义军渐渐动摇，其中有头有脸的人物如斡里裹、猛安七斤、阿里葛等都投诚了，剩下不降者，渐被平定，这场动乱，金世宗花了数年才平定。

不只是奚族，在北方，也有许多汉人起而抗争。关于金朝境内的种族状况，台湾学者陈昭扬在他的论文《略论金朝统治的影响及其历史地位》中考证，金国的族群区别、阶级划分，是基于入金先后以及对于金国的忠诚程度，金朝初年便因此划分为女真、渤海、契丹、汉人、南人五等。其中汉人与南人之分，顾名思义，前者是指原本居住在旧辽全境之辽地汉人，后者，也就是南人，则为居于故宋北部的汉人。

契丹与同属之奚人，因为前面提过的撒八之乱，在政治上渐遭贬抑，即便金世宗即位时，曾颁布诏令，看似既往不咎，其实这些族群在政治上，地位已受打压。

至于所谓的辽地汉人以及宋地汉人也渐渐相融，不再细分。特别是宋地汉人，数量庞大，数目也多，其中有些人的文化程度显然又胜过辽地汉人。在符合政治生态，效忠金朝的原则上，渐受重用。

特别是完颜亮时期，特意拔擢者更多，金世宗显然也沿用了这样的政策，世宗以后，汉人根本上已是金国政坛的主体，仅次于女真人。此类情况的族群分别，到了金世宗之后，因为时代变化，统治状况不同，已经没有之前那样细分，大致来说，就是女真人与非女真人之别，而后者又被称为"诸色人"，自然也包括汉人。

美国的汉学家魏复古曾提出一个术语："征服王朝"。征服王朝，意思就是外族进入中国本土，建立政权。该族有意识地汉化，有时也推行汉化，又同时自觉地葆有自身文化；反之，另有一种"渗透王朝"，同样也是外族入主中国，却几乎汉化，失去自身文化特色。

那么，在汉化的过程中，时时葆有自身民族特色，还能发现自身的问题，身在此山中，又能见到庐山真面目的，就是金世宗。

当然，我们也有要省思的地方，在于外族统治下的汉人，甚至是其他族群，分我族类，地位都是不平等的。元代的四等人制、清代的满汉之分，等等，都可作如是观。可是，在以汉人为主的中国古代朝代中，对于外族的轻视与排挤，在思想上、政策上、行为上，歧视表现同样也是不遗余力、相差不远的。

不管如何，金世宗即位，统治近 30 年，金国在他的率领之下，确实也欣欣向荣，与南方的宋朝大致上也保持和平。

汉学家如魏复古等人，之所以称金朝为"征服王朝"，其中关键就是金世宗。金世宗虽然推行汉化，但并不迷信汉化，更不极端崇拜。他对于女真的习俗与传统其实颇为眷恋，似乎认为这些东西反映了某些自然、淳朴的神圣性，值得女真人守护。更重要的是，他认为代代传承，推陈出新，由传统开出新意，女真人才能走出自己的路。

金世宗的看法与习俗，颇值得我们借鉴。事实上，从近代以来，存在这样一种华人，盲目迷恋西化，极度强调外语，其实也就是英文，抛却自家无尽藏，甘愿成为被征服者，还以为这是天大荣幸。看看金世宗，再想想自己，后之视今，亦犹今之视昔，也是历史与人生的悲哀了。

不过，在金世宗眼里，他的王国与部族，似乎都过于汉化，他忧虑女真人在汉化的过程中，真的忘记了自己是谁。所以在其任内，也采取了一些措施，诸如禁止取汉名、着汉服等；另一方面，也借由谋修文化象征，诸如重修金朝故址等，潜移默化，借由思想的传递，重建女真对自身传统的认识与凝聚感。

金朝国力，显然在金世宗有意识的各种推动中，渐渐强大。稳定的力量也维持到他的孙子金章宗。自此之后，"此后亦非而所知也"，就是蒙古崛起了。

不过，"汉化"的词汇，目前也被许多学者质疑：价值判断以及汉族中心主义的意味，似乎太强了。综观全部中国史，外族入主中原社会，成为土地的主人，他们为了统治的效率，也为了辖内的安定与和平，必须团结、安抚所有国人，只是人数比不上汉人，汉人固然需要为此调整适应，倒是汉人以外的族群，人数更少，更需要改变，所以才有了"汉化"。偏偏又是如此，就某些学者看来，"汉化"太狭隘了，应该是更深一层的"文明化"，用词才更准确。美国哈佛大学的包弼德（Peter K.Bol）教授认为，使用"文明化"（civilization）来代替"汉化"（sinicization, han-hua）更为妥当，使用的意义，就是指少数的非汉族，在与多数的汉族，同时在中国的辽阔土地上，共存共生共荣。族群交汇融合，最终会形成"中华化"。外族向汉族学习，反过来说，汉族也在不断外族化，外族与汉族，就变成一种"双向同体涡旋互生"的互动模式。"双向同体涡旋互生"，或许也是所谓"征服王朝""渗透王朝"之外，理解金国、元朝，理解中国历史的另一个角度。

回到本书主题。1189年，大定二十九年，金世宗去世，因为金世宗的太子早在几年前就去世。所以继承皇位的是金世宗的孙子：金章宗完颜璟，年号明昌。

金章宗统治时期，完成并颁布了《泰和律议》，这是以《唐律疏议》作为蓝本，并在此基础之上，又采纳了《宋刑统》的疏议，综合诠释之后的成果。"泰和"是金章宗的第三个年号，由于公布时间是金泰和元年（1201）年底，所以称《泰和律议》。并且打算第二年五月颁布实行，第二年，就是泰和二年（1202）。综观这些条文，方方面面，从刑罚律令的设定到颁布，往往也是国家走向制度化，以法律形式加上公权力的执行来实行控制的手段。目的，当然是为了更好、更有效率地管理国家。法律化，往往也是"文明化"的一种方式。至于法律好不好、适不适当、恶法亦法，又是另一回事。

例如，我们都喜欢说汉初讲清静无为，萧规曹随。萧何、曹参等人，治国原则都属于无为而治，其实从法律层面来看，未必就是如此，西汉政府本身其实也甚为注重刑法，其先刘邦约法三章，法却不足用，于是萧何集取秦法可为时宜者，作《律九章》。《晋书·刑法志》说律九章分别是盗、贼、囚、捕、杂、具、户、兴、厩，又说"叔孙通益律所不及，傍章十八篇"。此时死罪尚有夷三族之令，且仍存黥、劓、斩左右止、断舌等肉刑，《律九章》虽已汰除许多秦法，依旧不免烦琐之弊，又或是可能已废除的刑法，实际上仍在执行，故后人樊逊称："汉律九章，违之如覆手。"文帝时虽度除肉刑，但衍生了更多的问题，以至于"外有轻刑之名，内实杀人"，同时《汉书·儒林传》也说文帝"本好刑名之言"，景帝时有酷吏郅都、宁成，都反映了西汉前期仍是相当注重刑名法令的。

当然，我们也必须知道，宋金时期，战争频仍，族群纷争也多，因此金国虽然颁布法律，条文也颇细密，但严格来讲，就整个金国时期，从颁布开始，并没有真正彻底执行过。倒是从金熙宗时期才出现了一部法典，因此就法制史以及社会史的角度来看显然意义重大。

另外，前面提到的，金章宗即位，数十年之后，就遇到了由韩侂胄主持的开禧北伐。

开始，金章宗本来不愿开战，金泰和五年（南宋开禧元年，1205年），南宋对于边境的守将似乎是有意无意的放任，不断派遣士兵或是义勇军、盗贼之类骚扰边境。金章宗终于有动作反应，泰和五年五月，命平章政事仆散揆为河南宣抚使，并要仆散揆移书给宋朝，信上责备他们在边境妄自生事。南宋官方的反应是：与你无关，也与我无关，此乃三不管地带的盗匪。

金国情报显示，南宋确实近来增兵频繁，不过因为金国边将被贿赂，帮南宋说好话，说南宋增兵是因为防盗，不是要跟我们打战。然而，金章宗虽不全信，只是情报掌握事证还不够明确，信息还不清晰，一时间也难以判断南宋虚实。只是边疆骚扰仍在继续，虽不至于造成太多损失，却像你半夜睡觉，蚊子在你耳边嗡嗡作响，扰人清梦，让人厌烦。

到了金泰和六年（南宋开禧二年，1206年），宋朝使臣派来祝贺正旦的陈克俊，就在外交任务结束准备离开之时，遣御史大夫孟铸刻意跟陈克俊直言不讳真心诚意地说：你们那里不断有盗贼骚扰我国边境，我们其实不太相信，很多臣属都指责你们背叛和约，只是金章宗不愿意追究，容忍是为了让彼此有更多的自由，若是放任情况继续恶化，我们再宽宏大量，也是有限度的，你们好自为之。孟铸的警告，传到了韩侂胄耳里，似乎成了反效果。他吃定或是判断金国因为某些原因，不敢也不愿开战，于是执意北伐。其结果，就如上一章已经介绍过的那样。

另外，我们前面章节结束时，说到丘崈希望与仆散揆和谈的问题。仆散揆的决定权颇大，因为在泰和六年（1206）四月，金章宗就下诏："诏平章政事仆散揆领行省于汴，许以便宜从事。"基本上，仆散揆已是国家重臣，权力颇大。金军九路南下，仆散揆更是担任主帅，监督主导诸道军兵伐宋，而他也率领其中一军，出兵颖州、寿州，兵力三万。战果也是连战皆捷。

金军南下顺利，一时间，南宋似乎难以抵抗，金章宗更是特地派人送来信谕，公开褒奖仆散揆。我们从谕令中可以看出，仆散揆显然已把南宋想谈和的愿望传达给金章宗。金章宗觉得应该见好就收，不必恋战，仆散揆与金章宗有了默契，所以对丘崈的答复就是，和谈可以，三个条件，称臣、割地、献首祸之臣。显然也是他与金章宗早有的共识。金章宗非常信任仆散揆，几乎全权交给仆散揆处理。

丘崈这边，他的决定权显然没有这样多，层级也没这样高。当丘崈上疏，说金国答应和议，条件是韩侂胄作为首谋，所以建议把韩侂胄暂免官衔。这事被韩侂胄知道了，气得不得了，罢了丘崈，命张岩督视江、淮军马。

此时，南方因为气候关系，潮湿多雨，仆散揆适应不良，身体有恙，本来打算休养兵马，率军北还。到了下蔡，竟然病倒，消息传到金章宗耳里，连派多位医生以及使者，又慰问又送药，又关心又问候，病情仍未好转，泰和七年（1207）二月，仆散揆病死军中。不得已，金章宗另外派遣完颜宗浩接替职位。

人事变迁，意外陡生，导致情况似乎生变，仆散揆病死，丘崈罢官。对金国而言，原本极为有利的战况，因为主帅过世，斗志士气损失不少，加上气候问题，原本强硬的和谈要求，似乎也渐渐放软。对南宋而言，和谈的曙光，希望之灯，愈来愈明亮了。

二、"欲得太师头"：嘉定和议

开禧三年（1207），两军正僵持不下时，韩侂胄派出方信孺为使，方信孺以假朝奉郎、枢密院检详文字，充枢密院参谋官的身份，并持督帅张岩书信，前往金国首都，准备和谈。

方信孺还没抵达目的地，到了濠洲先见到了纥石烈子仁，纥石烈子仁二话不说，先把方信孺关进牢狱，不但不给食物水源，还提出和谈的五个条件：交回俘虏、赔钱（增岁币）、称臣、割地、把主战祸首送来。方信孺回答是，交还俘虏、岁币，没问题；缚送首谋，于古无之；至于称藩、割地，则非臣子所能言所敢言。

纥石烈子仁听了大怒，是你不怕死吗？方信孺出使金国，想来早做好了心理准备，所以当自己知道任务之时，早就置生死于度外了。

纥石烈子仁无法说服方信孺，动之以情，威之以势，俱无效。只好把方信孺送到汴京。方信孺终于见到完颜宗浩，可是完颜宗浩要求的仍然是这五个条件：交回俘虏、赔钱（增岁币）、称臣、割地、把主战祸首送来。谈了又谈，拖了又拖，双方显然没有共识。完颜宗浩要求方信孺回宋，准确传达他的意思。准备好了，下次再来。此乃方信孺的第一次出使，回国时，已是开禧三年（1207）四月。

宋宁宗与韩侂胄等人急于和谈，经过商议，便答应了这个要求，"众议还俘获，罪首谋，增岁币五万，遣（方）信孺再往"。不过，皮里阳秋，所谓的"罪首谋"，当然不可能是韩侂胄，而是我们上一章提到的，当年丘崈回信仆散揆时提到的苏师旦、邓友龙、皇甫斌这些人。

方信孺第二次出使，此时吴曦谋反、降金一事，已被发觉，早被大卸八块。金国还是不同意，套句现在流行的网络语言，方信孺真的是"太难了"，方信孺很诚恳地说：我们增岁币、还俘获，已经憋屈、低声下气了。有一说一，不说假话，去年我国北伐，你们诱逼吴曦，早在北伐之前，于情于理，你们不讲义气不重诚信，不也说不过去吗？今天我们背信和议是不对的，但你们私自买通我方四川大将，又有什么道理可言？今天你们的五个条件，我们已答应了三个，还不够吗？难不成我们还要继续打下去？

方信孺所谓五个条件中，答应了三个，就是交回俘虏、把主战祸首送来、增岁币五万。当然，"首谋"是假的，虚应故事，只是方信孺不能说破，自毁立场。金人见他说得很有些感情，还不怕死，便也稍微缓和气氛，说："割地之议姑寝，但称藩不从，当以叔为伯，岁币外，别犒师可也。"方信孺固执不许。这个时候，四川安抚使安丙与李孝义，又率兵攻打秦州。完颜宗浩要求停止，才能再谈，史书上记载"（宗浩）遂密与（方信孺）定约"。他们定了什么约，才导致方信孺有了三次和谈出使呢？

从后来的言行举止中，我们可以推测，这个密约，除了安丙停战之外，大概就是金国要求南宋提交誓书，派出庆贺金主生辰的使者（理所当然的，庆祝生日，也要奉上更多金银宝物，也是另外一种赔礼，只是成本要小得多）。

方信孺再度回国，虽然还是没谈成，相较于第一次，似乎已更具体，更进一步。开禧三年（1207）六月，方信孺第三次出发，结果还是失败。完颜宗浩觉得方信孺传达有误，誓书中出现"诛戮禁锢"之类的言语，已是莫名其妙，而号称"犒军钱"的说法，更是没有遵照金方的要求，别出项目，妄生事端。方信孺似乎已经看开，准备以死报君国了，他说岁币不可能再增加，所以以通谢钱代替。谈不拢，大不了一死。完颜宗浩还是放了方信孺回去，不斩来使。

方信孺回国后，说明失败原因："敌所欲者五事：割两淮一，增岁币二，犒军三，索归正等人四，其五不敢言。"第五到底是什么呢？韩侂胄不断追讨，要一个明确答案，甚至厉声诘问，方信孺摇了摇头，一副秀才遇到兵的模样，慢慢地说："欲得太师头（韩侂胄）耳。"韩侂胄听了大怒，夺三秩，限制方信孺临江军居住。我不想说，你非要我说，我终于说了，还被处罚。唉，方信孺真的"太难了"。

但是，若是根据《金史》，方信孺回国，还是带回了完颜宗浩给张岩的信，说得更明确具体：宋国要谈和可以，称臣割地，就以江淮之间，取中为界；如欲为叔侄之国，就割淮南，以长江为界。

陕西部分，就以现在军队所在，就地占据。元谋奸臣，必定要来，不然，直接把人头拿来也可；岁币 5 万两匹，不过是从前旧额而已，安得为增？所以要再加 5 万两匹，以表诚意，不要讨价还价；另外，还有赏军之物，金 500 万两、银 5000 万两、表缎李绢各 100 万匹、牛马骡各 1 万头、驼 1000 只、书 5 监。再加上我们南征军队，也需要点路费，就输银 1000 万两，以充犒军之用。

最后，方信孺这个家伙，言语反复，自以为口才辩给，不足取信，另外派其他人来，像是李大性、朱致知、李璧、吴管等人。本来，方信孺诡诈，实应治罪，不过自古兵事战争，若有外交，不必过分，当使人容在其间，姑且今日放他回来，向你们报告。看到这样的报告，韩侂胄的反应，竟然有两种截然不同的记载。

李超的《南宋宁宗前期政治研究》，就将《宋史》《金史》《建炎以来朝野杂记》等资料，整辑排比，参互搜讨，发现韩侂胄这时的政治操作，矛盾冲突，分别是：

《宋史》的记载是："这时，韩侂胄派遣方信孺跟金国请和，又以林拱辰为通谢使。金人狮子大开口，除了索犒军银凡数千万之外，更重要的是要把倡导北伐的主谋送过来。方信孺出使回国，在朝廷上报告外交情况，不敢直说此事，韩侂胄要他把话讲清楚、说明白，方信孺才勉为其难，又不敢全说，只好遮遮掩掩，挤牙膏式，吞吞吐吐，欲言又止，不断暗示。韩侂胄终于听明白了，原来金国是要自己过去领罪，大怒，和议也不想谈了。韩侂胄想继续打下去，于是起用辛弃疾，只是这时辛弃疾病重，死于途中，韩侂胄又以殿前副都指挥使赵淳担任江淮制置使，做好军事准备，随时开战。"

《宋史》所说，基本上也就是方信孺出使金国，三去三回，为了和谈往返，终究失败。最后一次，在韩侂胄不断追问下，方信孺说了实话，韩侂胄听了，大怒，求和也不谈了。韩侂胄甚至想继续开战，于是起用一直以来主张北伐的代表性人物辛弃疾。

《建炎以来朝野杂记》同样也是说："九月四日丁丑，和议似乎谈不妥，于是南宋政府命令边疆防守不要松懈，战争持续，和议未成。适逢方信孺回朝，报告谈判状况。方信孺知道金国索犒军银，要求数千万，也知道对方要南宋把主谋送过去，给他们处理定罪。可是方信孺开不了口，不敢说，韩侂胄又质疑又逼问，方信孺才给了一些暗示。韩侂胄大怒，于是才有了继续开战的念头。六日，韩侂胄要求辛弃疾除枢密都承旨，尽快赶来，辛弃疾死在路上，此事也就作罢。"

韩侂胄又任命赵淳为淮制置使，因为长久以来并无功绩，张岩也被罢官。韩侂胄还晓谕军民，大意是说：金国在未开战之前，早有预谋，所以跟吴曦早有勾搭，密谋不轨。金宋开战，问题不全在我（韩侂胄）；本想与金国谈和，为生民请命，可是对方缺乏诚意，又无信义。至于开战以来，我国死伤甚多，损兵折将，此仇不共戴天，当然是要报的。所以战争可能还要继续，请大家注意，也请大家多多支持。

《宋史纪事本末》，也是如此记载，文字几乎同样：

"乙未，张岩罢。韩侂胄怒金人欲罪首谋，和议遂辍，复锐意用兵。"

不过，《金史》却有明显不同记载：

"仆散揆死后，完颜宗浩代替仆散揆，处理和谈事宜。方信孺出使来金朝，完颜宗浩质疑方信孺，认为他过于轻佻，不可信，于是写书一封，对南宋说，如果真要和谈，就派朱致知、吴管、李大性、李璧来。韩侂胄得到消息，大喜过望，认为和谈有望。于是把张岩罢为福建观察使，又把北伐的原因，通通怪罪到苏师旦头上，贬到岭南。那么，接下来要处理和谈人选了，这个时候，李璧已为参政，不可遣。朱致知、吴管已死，李大性知福州，也因为路途遥远，一时间难以派出，于是选定王柟。王柟到了濠州，先是遇到完颜匡，被他骂了一顿，并要求说出南宋愿意负责的底线。王柟的回答是，他根据宋主、韩侂胄的事前委托，两国可以依照靖康二年正月请和的条件，世为伯侄国，增加岁币为30万两匹，犒军钱则为300万贯，至于主谋苏师旦，等和谈确定之后，立马献上。完颜匡似有刁难的意思，王柟很诚恳，甚至带有请求的意味，说他只是一个和谈使者，这已经底线，他本身没有太多的权限。完颜匡认为王柟所言不虚，乃具奏。金章宗收到讯息，要完颜诏如实转达：我们要的是韩侂胄的人头，拿到人头，淮南之地可以归还，另外，犒军钱改为银300万两。"

《金史》的说法，明显不同，韩侂胄得到响应，竟然大喜过望。因为方信孺说金国要把肇事者送过去，人头也可，并不是指韩侂胄；又或者是暗示韩侂胄，替罪羔羊也可。再搭配其他增岁币、割地等要求，此事便可善了。

前后比对，数种记载，似有矛盾。我们仔细分析，互相参考，其实差异没有想象中大，从头到尾，金国都要韩侂胄送人头。差别在于，方信孺第三次出使失败，回国时，韩侂胄到底是喜还是怒。不管如何，事实就是，继方信孺之后，王柟继续扮演外交和谈的角色出使金国。就在他出国到金的时刻，国内已经发生政变，史弥远登场，韩侂胄被杀。令使者往返数次争执不休的"谁的人头",此时已无意义。事后,倪思在朝廷之上,直接说:"一(韩)侂胄臭头颅,何必诸公争?"

或许,我们可以再思考:韩侂胄到底是喜还是怒,是两件事还是同一件事?喜还是怒,两者不一定是矛盾的,当然,我们的意思不是说他精神分裂,有喜的人格与怒的自我,而是说,就"怒"的一面来说,金朝要他的人头,这事情又由方信孺被自己追问之后脱口而出,生气是很正常的。因为在韩侂胄心里,或是他身边环绕的耳语,似乎始终不相信金国这个要求,或许还以为,只不过是对方要求加大赔偿的借口。所以问题不在自己身上,恐怕是方信孺办事不力,连金国都不信任方信孺,讨厌他。或许就韩侂胄跟周围的同路人看来,就是铁证,方信孺没有什么作用。只要派出金国想要的人,去谈去说,应该就没问题了,此乃"喜"。毕竟就《四朝闻见录》所言,早在选定方信孺之前,韩侂胄本来想派王大受出使,最后未成行。王大受是叶适的学生,他就劝韩侂胄和谈,不要用自己的名义,而是用丞相陈自强的头衔,金国才不会把矛头指向你。如果对方要追究,你就说自己已经退位,搪塞过去就可以了。他似乎认为王大受讲得有道理,所以才有王枬的外交任务。当然,韩侂胄可能没料到,即便请出了王枬,金国还是拒绝。可是,韩侂胄已经来不及听到这个消息了。另外一个问题,韩侂胄是不是真的还要北伐?似乎难以断定。照理来讲,此时形势与实力,应该也不允许。不过,我们要想的是,韩侂胄到底是真的要打还是虚张声势?一旦谈和不成,总不能真要送上自己人头,所以打又是必需的;真的没办法和谈,不打,又能干吗?难道自己要送死?要自杀?

另一方面,先做点战争的准备,或许对敌方也有一些恐吓作用,毕竟对方大将刚死，而士卒远征，连续征战，士气难免有所影响。所以韩侂胄既是两手准备，也是虚张声势，或许颇为逼真，导致许多人被骗了，诸如《建炎以来朝野杂记》等所言，信以为实。不过，也不能说这就是假的，如果可以和谈，当然是假的；如果谈不成，只能真打。

更进一步来看，韩侂胄任用辛弃疾重新出山，就算他真的从没将辛弃疾的健康放在心上，辛弃疾此时已经67岁，垂垂老矣。韩侂胄即便再天真，都不会以为任用此老将，还能建立什么盖世奇功，逆转颓势，挽狂澜于既倒。除非，他任用这个北伐健将，是想制造一些舆论。又或许是已经没有办法的办法了。玩两面手法：对内，要虚张声势，吓阻政敌；对外，要暗度陈仓，影响金国。要打要和，都必须随时应变，才真能保住自己的权位。

不过，真正的问题，已经不是韩侂胄能左右得了的。他想要两面手法，想要虚张声势，也得问问政敌们是否愿意，给不给机会。他还在想着如何保持权位，殊不知，连人头都快保不住了。

三、你方唱罢我登场：史弥远登台记

韩侂胄的政敌之一，是杨皇后。庆元六年（1200），韩皇后去世，在宋宁宗所有的小老婆之中，曹美人以及杨贵妃最得宠。杨氏，大概是在庆元元年（1195）被封为平乐郡夫人。庆元五年（1199）进封婉仪，次年（1200）被封为贵妃，到了嘉泰二年（1202），在与曹氏的争宠中获胜。年底被立为皇后。嘉泰三年（1203）正式册封，当家做主。

而韩侂胄却与杨皇后不对盘。原因之一是，韩皇后去世后，在曹氏、杨氏争宠过程中，韩侂胄是支持曹氏的。理由是他觉得曹氏柔和温婉，比较没有权力欲望；杨氏则相反，心机甚重，权谋城府也深。可最后的结果却是杨氏赢了，被立为皇后。这时，杨皇后义兄杨次山的宾客王梦龙、赵汝说得到消息，把韩侂胄支持对方的事告诉了杨次山，杨次山又告诉了他的义妹杨皇后。自此杨皇后便对韩侂胄怀恨在心。

杨皇后、杨次山、王梦龙、赵汝说，还有赵汝说的哥哥赵汝谈，就常密谋，该如何处理朝中大奸臣韩侂胄。赵汝说、赵汝谈都是当年庆元党禁名列其中的人。党禁解除后，任朝为官。他们，或许都可称为"道学型士大夫"集团的一分子。照理来讲，这些人应该是支持北伐的。可是韩侂胄推动的开禧北伐，未必为他们所乐见，原因就是他们与韩侂胄有极大的恩怨。在他们眼里，韩侂胄就是个坏蛋。坏蛋北伐，最好不要成功。

现在机会来了。

不过，光凭这些人的势力是不够的，还不足以成事。他们找上了史弥远与钱象祖。先说钱象祖，字同伯，他是钱惟演的后世子孙。因为祖父钱端礼的关系，恩泽补官。钱象祖本来是韩侂胄的人马，后来闹翻了，他极力反对北伐，因此被韩侂胄摆了一道，夺官，限制信州居住。开禧三年（1207）四月，才再任参加政事。

至于史弥远，他是下一章的主角。他的父亲史浩在宋孝宗时期两度为相，颇得宋孝宗信任。因此史弥远颇有背景，家底也深厚。

史浩两次任相的时间都不是很长。第一次在隆兴元年（1163）正月至五月，第二次为淳熙五年（1178）二月至十一月。任期虽不长，但与宋孝宗关系依然深厚。淳熙八年（1181），罢侍读，史浩辞归，到了淳熙十年

（1183）八月，被封魏国公，致仕，正式退休。

史弥远，则是史浩的三子，为继室周氏所出。史弥远本以恩荫为官，后来考取进士。党禁时期，没有他表演出场的机会。对于北伐，他似乎没有太赞成。真要严格来讲，对于战争，他是颇有顾虑的，他曾上书建议，今天要打仗的人，都说先发者制人，后发者制于人，但是，真的是这样吗？有这样简单吗？为什么不要轻易开战，因为战争不是儿戏，一家哭到一路哭，没有万全准备，就不要打。毕竟战争不是打打杀杀而已，而是跟整个国家有关，从国格到国体，从经济到民生，从社会到外交，牵一发而动全身。不管如何，他没有顺从当时炙手可热的韩侂胄，也是事实。就在北伐失败、宋金议和的阶段，韩侂胄开始玩两面手法。杨皇后的人马找到了史弥远、钱象祖等人，几经考虑商讨，彼此决定合作，除掉韩侂胄。

韩侂胄的人马党羽，自然布满朝廷，眼线众多，狗仔满城。很快韩侂胄听到消息，有人要对他不利。韩侂胄也有反击的打算。他与陈自强计划周详，要反制对方。同样使用老套路老梗，沿用当年对付赵汝愚的方法，任命台谏，控制台谏，打击政敌。

可是韩侂胄百密一疏，虽然得到了情报，却没有得到他们政变的方式。史弥远这些人的手段，显然是来得更硬更快，就是要让韩侂胄措手不及。就在十一月三日，史弥远以矫诏方式，欺骗韩侂胄前来。并事先与禁军谈妥，就在路上，直接处理掉韩侂胄。周筠在前一晚得到了消息，是非不定，状况未明，真假难说，还是立马通知韩侂胄。韩侂胄显然胸有成竹，并小看了史弥远这些人。他当日上朝的目的，就是要以政治方式将这些人一网打尽，排除异己。

要在路上伏击我？是小说看太多，还是想象力太丰富？没想到，周筠说的是真的。就是当天，就在路上，在玉津园，这个《六州歌头》所谓"长在玉津边。只在南园"的地方，韩侂胄被乱棒打死，结束了他的一生。关于政变前后故事，各种充满政治意味的分析，我们下章还会再提到。

最后，根据学者们的研究，这场政变，除了杨皇后、史弥远以及上述提及的人之外，应该还有当时的太子赵询。赵询，也就是景献太子，于开禧元年（1205）被立为太子。嘉泰二年（1202）时，拜威武军节度使，封卫国公，听读资善堂。而不久之后，史弥远以起居郎间资善堂直讲，后来虽又升官，为礼部侍郎，仍兼资善堂翊善。他与太子之间，也在这时因此有了交流。

韩侂胄死后，某日，赵询问史弥远，当前宋金和议，你怎么看？史弥远的回答是，目前两淮、襄、汉沿边等地，军力不够充实，也因为战争缘故，满目疮痍。我们能做到的，就是勉励将帅，并且持续训练士卒，修缮城堡，保养器械，储备食粮。如果能和谈，自然最好；如果失败，和议不成，我们也葆有防备的本钱。

虽然还是废话，回答却四平八稳，确实也看不出什么问题。照理来说，以史弥远与太子的交情以及太子对他的看重程度，赵询即位之后，史弥远应该会得到重用。可惜未来发展，计划永远赶不上变化。不是赵询不一样了，他根本没机会变。而是史弥远早就远非昔比了，他要找回家族里那些曾经拥有、如今却烟消云散的东西，那些坚固的权力。

第六章

◎

宋理宗与史弥远

一、玉津园之变，政坛动荡

其实，玉津园之变前夕，史弥远也不是胸有成竹、胜券在握的。曾有几次，史弥远焦虑异常，套句当今流行的表情包语："头都秃了。"他甚至想逃跑、放弃，甚至一走了之，特别是计划行动前的一晚。

周密的《齐东野语》就记载，"政变当晚，史弥远六神无主，心慌意乱，在门边等候消息，从晚到早，音讯全无，惶惶不安，好几次都想一走了之。甚至还有些谣传，说是韩侂胄发现了计谋，打算后发先至，准备处理他们，听闻此讯，钱象祖、李璧等人都觉得完蛋了，死定了，战栗无人色，天崩地裂，准备受死。没过多久，夏震才终于传来正确的好消息，众人心中大石方才放下。事后想来，大家也觉得此事是赌博，要是当天韩侂胄闭门不出，计谋必当泄露，我等诸人必死无葬身之地"。

毕竟，计划已定，到底会不会成功，谁也没有把握，谁都忐忑不安，史弥远焦急地等待消息，却迟迟未有结果，甚至想换衣逃跑；史弥远如此，一起计划谋事的钱象祖等人，心里也不会太好过，压力山大，甚至一度消息有误，还以为事情泄露，韩侂胄已经发现，图谋不成，人人脸如土色，心想我们全部要团灭了。结果是他们赢了，韩侂胄终究已死，身首异处。

事实是，当韩侂胄的车驾走到六部桥时，中军统制权殿司公事夏震早已部署军队严阵以待。一看到韩侂胄，大义凛然地先臭骂他一顿，然后说皇帝已下诏，免官罢职（其实宋宁宗根本没下诏）。夏震、郑发、王斌等人，强行把韩侂胄带走，韩侂胄的卫兵随从们面面相觑，你看我我看你，谁也不敢答话。就如黎东方《细说宋朝》所言："夏震在这场政变中的地位作用，与绍兴内禅时的郭杲相似，两人都位居殿帅之职。"韩侂胄被挟持，众人将他"扛"到玉津园的夹墙内，乱棒打死。值得注意的是，在这场政变中，宋宁宗虽没有参与，也不是完全不知情，或多或少，他是默许，不支持也不否定，他是在旁注视的。

当然，历史没有如果，我们仍不禁猜想：如果韩侂胄真的上了朝，御笔内批，真的以任用台谏的方式除掉史弥远这些人。宋宁宗是不是也会默许呢？就现有史料看起来，韩侂胄再嚣张，应该也不敢动杨皇后，他的目标，应该就是史弥远、钱象祖这些人。

历史没有如果，毕竟在此之前，杨皇后跟义兄杨次山，早就用"间接"的方式，建议宋宁宗除掉韩侂胄，却都没有得到答复。所谓的"间接"，就是派皇子荣王赵曮直接跟父亲宋宁宗告状。《齐东野语》是这样写的："杨次山与（杨）皇后谋，俾王子荣王（赵）曮入奏，言'（韩）侂胄再起兵端，谋危社稷'，上（宋宁宗）不答。皇后从旁力请再三，欲从罢黜，上亦不答。（杨皇后）后惧事泄，于是令（杨）次山于朝行中择能任事者。"

宋宁宗一不答，二不答，始终没有回复，也引起了皇子以及皇后的恐慌，他们不太肯定，宋宁宗是站在哪一边？心中到底怎么想的，也害怕消息外泄，引起韩侂胄的反击。

据现有文献来看，事发当日，宋宁宗似乎不知道他们选择发难，选择硬来，就如当年被强迫上位，后知后觉，宋宁宗永远是最后一个知道的。直到收到消息密报，宋宁宗还指示殿司，要阻止韩侂胄，以防遭遇不测。却被杨皇后一把鼻涕一把眼泪，又哭又闹地阻止了。宋宁宗叹了口气，对于此事，终究还是无可奈何的。

宋宁宗对他的人生，好像常常也是这样，无可奈何，干脆就什么都不做了。

韩侂胄死后，消息传到金国，外派的使者王柟还没回到宋朝，因为宋朝希望重新讨回川陕等地的关隘，再加上金国一直要求首谋的人头，早早送来。王柟收到消息，打铁趁热，借势进言，以参政钱象祖寄来的书信为名义借口，对金国动之以情，说之以理，姿态低下，赔款利诱。信中，宋朝希望重得川陕关隘，毕竟这是西路门户，若失此地，对整个南宋国家，损失太大；至于岁币至30万两，通谢军钱为300万贯，改输银300万两，都没问题，该给一定给，该赔一定赔；最后，关于战争起因，我们南宋，一时间受奸人所惑，妄开边衅，执意北伐，实属愚蠢。我们忏悔，我们道歉，处死韩侂胄，就是最好的诚意。

若金国愿意和解，金主兼爱南北，愿意给予我们悔过自新的机会，请宽宏大量，将川陕关隘还给我们，则罪恶元首，韩侂胄、苏师旦的人头，自当准时送上。我们本是一家叔侄，千万不要因为险恶小人，坏了和气。

有意思的是，南宋对于要不要送人头，还经过一番争吵讨论。《四朝闻见录》便记录：楼钥觉得可以和谈，握手言和，乃当下第一要务，送上人头，表示我们的诚意，也是好的；王介也赞成和议，不过不应该送上人头，不是说韩侂胄是对的，此人恶名远播，死不足惜。只是我们送上人头，有失国体，没了面子，还要赔钱，也没有里子。章良能哼了一声，反问，你不给，那人家不答应怎么办？你负责吗？

两人还吵起来，王介说，怎么能给？今天金国要韩侂胄人头，我们不敢违逆金国，乖乖照给；明天金国要你我人头，是不是也得给？章良能又回：简直莫名其妙，金国干吗无缘无故要我们人头？有病吗？

倪思不耐烦了，直接打断："一（韩）侂胄臭头颅，何必诸公争？"结果，给人头派大获全胜。对于王柟的要求，金章宗答应了，就他看来：区区关隘，不足计较，若能送上韩侂胄的人头，陕西关隘就还赐给你们。至于韩侂胄、苏师旦，哪个人头重要？金国如果要选，南宋如果要送，该找谁？

小孩子才做选择，结果无非是我全都要！

金泰和八年（1208）四月，南宋献上韩侂胄、苏师旦两颗人头。元帅完颜匡收到限速包裹，立刻派平南上将军纥石烈贞，专程护送"礼物"到首都，一路宣传，露布以闻，大书特书，送达之日，金章宗刻意摆大阵仗，军容壮盛，迎接人头，并悬首于市，告知中外，宣扬国威，得意万分。又把两人画成图像，广泛传播，全国百姓纵观，或笑或骂，啧啧称奇，人人皆知。

两个月后，金泰和八年（1208）六月，南宋呈上誓书，金世宗同样致封誓书回宋，两国复和，"嘉定和议"遂成。"嘉定和议"签订于南宋嘉定元年，金国泰和八年，公元1208年。

条件包括四个：

1. 送上首谋人头。

2. 宋金两国，为伯侄之国，金为伯，长辈；宋为侄，晚辈。

3. 两国的岁币银，由原本的20万两，增加为30万两。绢帛等，也由20万匹，增为30万匹；侄子南宋一方，另外给予犒军费用，银300万两。

4. 金朝归还川陕关隘，宋金两国疆界，则以"绍兴和议"时为准。

南宋又签了一次和约，综观整个宋代史，他们太有经验了。

二、史弥远登场记，宋理宗上台记

有意思的是，史弥远等人发动政变，杀掉韩侂胄，瓦解韩侂胄党羽，铲除韩侂胄集团，大获成功。按照常理以及我们从历史看到的许多例子，史弥远应该会立刻执掌大权，炙手可热，权势登天的。然而，史弥远却没有这样做。根据《宋史》记载，事成之后，史弥远的行程如下：

嘉定元年（1208），史弥远迁知枢密院事，进奉化郡侯兼参知政事，拜右丞相兼枢密使兼太子少傅，进开国公。

后来因为母亲过世，回家治丧，但太子赵询还是很欣赏史弥远，于是请赐第行在，令就第持服，以便太子随时咨访。

嘉定二年（1209），中央不断派遣使者催促，要史弥远快点儿回朝。三顾茅庐做足面子之后，史弥远才终于出发，起官后，任右丞相兼枢密使兼太子少师。在当时，朝廷的主政人物，除了史弥远之外，还有参知政事娄机、参知政事楼钥、知枢密院事兼参知政事雷孝友、同知枢密院事章良能以及签书枢密院事宇文绍节。

嘉定四年（1211），重新审理赵汝愚一案，认为确实内有冤情，史弥远于是上书，希望官方褒赠赐谥，还给他们正义的公道。除了赵汝愚之外，许多伪学党人，诸如朱熹、彭龟年、杨万里、吕祖俭等人，墓木俱拱，人死已久，更需要平反他们，把真相说出来，给个交代，"还他一个真面目"。这些人，或褒赠易名，或录用其后，或召还正人故老于外，该国赔的就国赔，该平反的就平反。

嘉定七年（1214），根据小林晃《南宋后期史弥远专权内情及其嬗变》的研究，此时史弥远虽然颇有权力，尚未只手遮天，独断独行。这年最重要的事件，就是是否要继续对金国缴纳岁币。

原来成吉思汗称霸蒙古高原之后，下一步计划，就是吞灭金国，而蒙古军早在前一年，即宋嘉定六年（1213）已有动作，本年又包围中都。金国由金宣宗即位，按照惯例，南宋派遣真德秀为使臣，前往北方，祝贺金国新主登位，却因为战事问题，竟无法进入金国，真德秀中途返回，向中央禀报，认为金国灭亡在即，甚至打算迁都，以避蒙古军，此情此景，南宋根本不该再输纳岁币。

真德秀的说法，得到兵部侍郎李珏、权刑部侍郎刘爚、国子监司业袁燮、知汉阳军黄干、国子监录徐侨等人的支持。反对者，则有右丞相史弥远、淮西转运司判官乔行简、主管管诰院程珌、主管武夷山冲佑观曹彦约等人。反对的理由，是认为金国与蒙古之争，鹿死谁手，尚未可知，如果如真德秀所言，金国最后失败，当然没问题。可是，如果反了呢？金国最后赢了，蒙古输了呢？岂不是给了金国借口，要跟南宋算账？不是更因小失大？本来想占便宜，反而更吃亏？

双方讨论激烈，议论纷纭，互有攻防，赞成或反对，各有理由。终于，嘉定七年（1214）十一月，南宋派遣使者出使金国，本来打算庆贺来年元旦，也是两国外交的一向惯例。不过南宋政府宣称运河不通，交通不便，决定对金国中止输纳岁币，来年甚至要求金国把岁币金额降低。史弥远显然在这次讨论中，并不是决定的一方，而是宋宁宗的主观意愿，成了决定因素。但是，并非代表这些赞成派与史弥远是对立的，因为从后来发生的事情看来，史弥远的政治资本之一反而是这些人。

因为岁币问题，嘉定十年（1217）四月，果然引起金国的反击，金兵进攻光州（河南潢川）。金朝发兵前，南宋得到情报，所以两个月前就任命李珏为江淮制置使。到任后，李珏用了许多自己人担任幕僚，负责诸多防御要务。根据小林晃的考证，有16个人最为重要，分别是：

1.李任（李珏之子），福建福州人；2.黄干，福建福州人；3.叶莫，福建福州人；4.刘克庄，福建兴化军人；5.黄伯固，福建南剑州人；6.方信孺，福建兴化军人；7.杜杲，福建邵武军人；8.余铸，江西信州人；9.左誉，江西吉州人；10.薛师董，浙东温州人；11.董道隆，湖南常德府人；12.袁甫（袁燮之子），浙东明州人；13.毛自知，浙东衢州人；14.危和，江西临川人；15.王好生，出生地不明；16.何大节，出生地不明。

从上述背景可见，这十几个人，多是跟朱熹或其门下密切相关的人物，在地域上、在人际上、在学问上，多属"福建、朱门系人物"，虽非史弥远人马，却与史弥远关系不差，也颇为紧密。这些人，或是就前几章谈到的概念来看，可以说是"道学型士大夫"集团。

可是金朝南下，固然无功而返，这批主张对金国强硬的人士，也过度自信，轻信人言，泗州一战，大败而归，差点动摇国本。也导致国内主和派舆论又起，战和不定，显然对史弥远的专政是有影响的。史弥远于此次政争中，学到的最大经验，就是要把边疆防务与情报系统，牢牢抓在手中，自己在朝中才有底气，说话才能大声，才有话语权。

嘉定十四年（1221），朝廷对史弥远则是赐家庙祭器，可见朝廷对于史弥远愈来愈重视。

从上述行程来看，史弥远当然不是要学张良，功成身退，避祸于权势之外；或是如诸葛亮《出师表》所说："苟全性命于乱世，不求闻达于诸侯。"

史弥远有自己的盘算：第一，以退为进，自己先不急于执掌大权，而是先观察情势，特别是宋宁宗的态度，然后持续与太子赵询交好。第二，除了自己之外，其他的"功臣"，都升官发财，彼此之间，如果由同谋盟友变成竞争对手，人际处境往往会较难处理，所以史弥远要观察状况，随机应变。毕竟自己在朝中，势力未稳，人脉未深，过度急进，反而不利。第三，因为泗州战败，史弥远深知边务的重要性，不过他担忧的不是能否抵抗邻国进攻的问题，而是边防不利，连环效应，可能影响自己的权位。特别是边防若妄生事端，不受自己控制，不是自己人，就会更麻烦，这也是他日后刻意派遣人马，安排边防的原因。

淮东制置副使贾涉与淮西制置副使的赵善湘就是最好的例子。

贾涉和赵善湘与史弥远都有关系，贾涉是史弥远兄长史弥大女儿的丈夫，赵善湘的小儿子更是史弥远的女婿，可见彼此的密切关系。而京湖制置使赵方，本来就是史弥远集团的人，赵方死后，接任者就是史弥远的族侄史嵩之，他从幕僚擢升为京湖制置使。这也是小林晃《南宋后期史弥远专权内情及其嬗变》的结论之一：从人事安排来看，史弥远其实是想通过相关人等，掌握前线的指挥权，他不能允许前线再度失控，以免影响自己的权位。

特别是当首鼠两端，政治蝙蝠李璧罢官之后——要知道，李璧当年支持北伐，还写了诏书，韩侂胄也把他当作自己人；战事不利，金宋和谈之际，他竟然跳槽到杨皇后这方，参加铲除韩侂胄的阵营，还到处炫耀，自己当年如何劝阻韩侂胄躁进北伐。此类的性格与言行，当然容易落人口实，被人追着打，遭到御史叶时论、殿中侍御史黄畴若等人弹劾，理由也很简单，反复多变，没有立场，缺乏原则，于是弹劾成功，去官降职。

这个时候，威胁史弥远的，还有许多人。史弥远在等待机会，要一个一个将威胁剪除，急不得。

慢慢来，比较快。

当年，也曾参与政变的卫泾，看不顺眼史弥远的欲图坐大，于是先下手为强，在宋宁宗面前告了几状，却被史弥远发现，史弥远跟章良能联手，卫泾遭到弹劾。

钱象祖跟卫泾，显然唇亡齿寒。可是他是左丞相，虽存有一定势力，不过他跟韩侂胄的过往，显然是政治上的最大问题，随时可能被翻出，炒作旧闻，放大处理。要是被抓住这点，他知道自己是斗不过史弥远的。

果然，朝廷开始有人重提此事，舆论正要扩大之时，钱象祖先行认罪，上书退休，嘉定元年（1208）年底，被罢相。

上台又下台，从功臣到罢官，从盟友到政敌，距离诛杀韩侂胄成功之时，也才多少时日！

来年，嘉定二年（1209），史弥远起复为右丞相，兼枢密使，兼太子少师。此项任命，透露了几个重要的消息，宋宁宗显然颇喜欢史弥远，而太子赵询，或许也在里头扮演了重要角色。

因为，自从嘉定元年（1208）年底，钱象祖罢相之后，左右丞相位置空缺，无人接替。嘉定二年（1209）在史弥远拜相前，参知政事为雷孝友、娄机、楼钥，宋宁宗都无意提拔。直到当年五月，史弥远重新起复，才有了右丞相。

前不久，才为人头送不送吵得不可开交的王介上书说，史弥远起复，为右丞相，兼枢密使，兼太子少师后，结果立刻大旱，显然是上天警示。希望主上正视此事，要史弥远回家，当个孝子，永远守丧，才是名教典范，忠臣为国的榜样。

不料此种言论，毫无效果。

显然，这一两年，史弥远看似谦退，即便是回家守丧的情况下，他都安排得稳稳妥妥，做足了充分的准备，替未来铺路。

前头所说，宋宁宗显然颇喜欢史弥远，在记载中，可发现端倪，参见《四朝闻见录》的丙集《史弥远玉带》：

"嘉定年间，宋宁宗曾赐给几个人玉带，例如史弥远、赵师揆、杨次山等，既是一种尊贵荣誉，也是一种信任的象征。几人之中，唯独史弥远最特别，竟是宋宁宗当场解下玉带赐之，更可见其地位。相较之下，其他人都是取自内府。因为有这个特别的举动，当朝廷同僚士子以及四方门生故吏纷纷祝贺之时，史弥远又刻意挑了一个庆贺文书中有'解赐'的文字，然后四处炫耀，流传朝野。"

除了史弥远之外，还有两位也得到玉带。杨次山是杨皇后的义兄；赵师撑，是宋光宗时期，因为史浩（史弥远父亲）的关系，被任命为江东提举。历任职位，分别是江东转运副使、明州知州、明州观察使、奉国军承宣使、奉国军节度使、开府仪同三司、万寿观使。但不管怎么说，史弥远是得到了皇帝的青睐。

可是，史弥远权力的真正巅峰，还未到来。照理说，以皇太子赵询（初名赵与愿，6 岁时，赐名赵曮，后改名为赵𬣞，史称景献太子）对他的信任，宋宁宗百年之后，现任太子继位，史弥远的位置应该是更稳定的。

偏偏意外发生了。

嘉定十三年（1220），赵询以 29 岁的年纪，正当壮年，竟然去世，谥号为景献太子。

这时，史弥远 56 岁。

来年，即嘉定十四年（1221），宋宁宗决定立自己的养子赵贵和为太子，并把他的名字改为赵竑。

我们后世的读者，站在事后的角度，当然知道宋宁宗死于嘉定十七年（1224）八月。离宋宁宗立赵竑为太子时，不过两三年的距离。

没人知道未来会发生什么事。

可以确定的是，赵竑非常不喜欢史弥远，他总认为史弥远不是好人，是小人，是奸贼，是权臣。《宋史》是这样说的：赵竑喜好鼓琴，丞相史弥远为了讨好他，当然也为了巩固权势，安插耳目，并将一个善于弹琴的美女送给赵竑，有任何风吹草动，立刻向史弥远禀报。

美人知书达礼，长得好看，琴艺又好，赵竑很宠爱这个妹子，或许也是故意的，或许年少气盛、识"妹"不明，赵竑常在他面前说出心里话，包括对史弥远的不满以及各种指责，甚至私下还称呼史弥远为"新恩"，意思就是说，有朝一日当他即位，就要把史弥远流放到新州或恩州。

私下言语，当然都意料之中地传进史弥远耳朵里了。赵竑，也不知该说是小屁孩、年少轻狂，还是胆子愈来愈大。某次聚会，七月七日，史弥远送了一些奇珍玩巧的器物，赵竑竟然趁着醉酒，大发脾气，把东西摔烂打碎。

言语行动，代表着他的想法。

史弥远的政治敏感、人生阅历，自然远胜赵竑。他早就开始留心，也提高警觉——或许，此人不能存。不然，他登台之日，可能就是我人生谢幕之时。

这个时候，宋宁宗的弟弟——沂王赵抦未有子嗣，王位空缺，大家属意赵氏宗族赵昀。

史弥远与郑清之曾有密会，谈了不少机要。史弥远的意思大概是说，从当今皇子赵竑看来，难已成事，我听说赵昀颇为优秀，我们如果有机会拥立他为君，相信会比赵竑很好多。你有机会，要多开导开导他。如果真有这样一天，我史弥远的成功，就是你郑清之的成功。

最后，史弥远又靠近郑清之，正经严肃地说："今天讲的，千万别说不去，不然，你跟我会玩完，我们的家人亲戚，同样完蛋。"没过多久，郑清之就兼任魏惠宪王府教授，升为宗学谕，升为太学博士，仍兼教授。

关于史弥远选定赵昀为接班人，颇可一说。赵昀本来要接任沂王，最后却变成了国王。《宋史·余天锡传》也有记载，极具传奇色彩，故事是这样说的：余天锡，字纯父，号畏斋，甬东人。如前所言，沂王无后，史弥远听受宋宁宗命令，找寻合适的继任者，史弥远也告诉余天锡，吩咐他可以多加留意。

余天锡与史弥远二家，有世代之谊，余天锡的祖父，与史弥远的父亲史浩的家族晚辈，有师生情分。余天锡也曾为史弥远府第的童子师。余天锡个性又比较谨慎，不会乱说话，往往也会顺着风向行事，言行举止适时合宜，所以极得史弥远的信任。

余天锡回乡，准备应考科举，经过绍兴时。刚好遇上大雨，为了躲雨，他在全保长家中待着，全保长一家，都是丞相史弥远的人，热情招待，宾主尽欢。因为偶然巧合，余天锡认识了全保长的外孙，赵与莒、赵与芮两兄弟。交谈之下，觉得这对兄弟颇有见识，言语得体，若是选为继任人选，相信会是个不错的选择。

余天锡把这想法告诉了史弥远，史弥远立刻行动，派人把两兄弟接过来，自己亲自考察，多方调研，看看是不是真如余天锡所言，他们是好的继任者。

交谈之下，史弥远有了一些想法，加上史弥远会看相，他确实很欣赏这两兄弟。只是史弥远却没有立刻行动，而是多做观察，等待时机。也因为等待再三的这一举动，让两兄弟白跑一趟，惹得全保长被乡人朋友耻笑，妄攀富贵，拍错马屁。全保长被搞得狼狈难堪，颇为丢脸。

又过了一阵子，几近逾年，史弥远忽然重提此事，要求赵与莒、赵与芮两兄弟再来一趟。全保长不愿意了，他感谢史弥远的好意，自己实在不想再丢脸一次，所以并不打算派遣外孙过去。

不过，史弥远心中其实早有盘算，他觉得哥哥赵与莒更适合，于是接入宫内，培养作为沂王的继承者。

初始，史弥远确实是打算培养赵与莒，也就是赵昀作为接班人。结果，人尽皆知，赵昀当然不只是当了沂王而已。

根据张金岭先生的考证，他认为史弥远下定决心，想以赵昀取代赵竑，时间大概是在嘉定十三年（1220），景献太子赵询死后。余天锡参加的科举考试，或许也在此时，因为乡试是嘉定十二年（1219）。只是考试不中，回乡途中，见到了赵与莒、赵与芮兄弟，跟史弥远谈及此事，景献太子死后，史弥远才接了赵与莒入朝，有意培养，距离初次见面，差不多过去了一年，《宋史》所谓"逾年"，即是指此。

赵与莒，就是赵昀，嘉定十四年（1221）六月，补秉义郎。八月，授右监门卫大将军。九月，正式立为沂靖惠王。嘉定十五年（1222）五月，迁邵州防御使。我们也知道，景献太子赵询死后，宋宁宗选的皇子是赵竑，而非史弥远计划中的赵昀。赵竑对史弥远看不顺眼，很不喜欢，在当上太子前，是这样，当上太子后，反感姿态更是明显。

史弥远都看在眼里，为了避免困扰，有所妨碍，他要善用身边的人物事，妥善掌握手中的棋子。自此之后，史弥远在有意无意之间，当着朝廷百官的面，总是称赞赵昀，一会儿夸奖他的诗文翰墨，一会儿佩服他的言语应对。史弥远跟郑清之不断确认，此人到底如何？能否大用？郑清之每次的答案都是正面的。用现代的话来讲，就好像只要赵昀在微博发文，郑清之必定留言点赞。

用网民的话来讲，就是"舔狗"。

不过郑清之舔的不是赵昀，那只是其次。

他知道史弥远要的是什么。

历史的有趣与复杂也在于此。郑清之是坏人吗？不，他饱读诗书，见识甚广，眼界与政治敏感性高出一般人许多。可是，看起来他跟史弥远在勾结，在狼狈为奸啊？

读者们心清则明。如果赵昀的品格能力真的不错，就因为是史弥远，所以郑清之要昧着良心说话？把好的说成坏的？其实就是这个郑清之，他在史弥远过世之后继任宰相，成"端平更化"之治，还发动过北伐，对付蒙古。

当初的郑清之明白，史弥远心中已有定见。况且，以余天锡与史弥远的亲密关系，当余天锡"发现"赵昀时，相信史弥远早就做过许多风险评估了。史弥远现在就是等待机会到来罢了："万事俱备，只欠东风。"

《宋史》又写到，嘉定十七年（1224）六月，太子赵竑的孩子出生了，诏告天地、宗庙、社稷、宫观。同年八月，宋宁宗赐赵竑的孩子名为赵铨，又授左千牛卫大将军。可惜赵铨没过多久就死了，又赠复州防御史。

几乎在同时，宋宁宗驾崩了。

"东风"降临。

史弥远的安排与等待终于来到。他先派了郑清之前去见赵昀，告知史弥远的计划与欲图，赵昀之前早就接受过多次暗示，此刻默然不语，也不回应。郑清之意有所指地说："丞相（史弥远）以（郑）清之从游之久，故使布腹心于足下（赵昀）。今足下（赵昀）不答一语，则（郑）清之将何以复命于丞相（史弥远）？"

言下之意，史弥远投资在你身上太多太多了，你的周围，我的身旁，都是他的人，就像周星驰电影《少林足球》说的："裁判、球证、旁证都是我（史弥远）的人，你怎么跟我（史弥远）斗？"你答应就答应，不答应也得答应。目前看来，也就只能配合，没得选。只是如今你不说话，不回答，默不作声，反而是最差的一条路，我很难处理，对你对大家都不好。

赵昀回答道："我的母亲，还在绍兴。"

郑清之回报史弥远，史弥远哈哈大笑。这小孩子，可以啊！

你想到你的母亲，就代表你同意我这样做。

你提到你的母亲，就代表你我同在一条船上了。

你说到你的母亲，就代表你计划将来的事情。

日后，你是皇帝，我是丞相，你在上，不过，你是我的人了。

哦，不对，你是我控制的人。

而我，是控制你的人。

又或者，我们可以是"一起奋斗的伙伴"。

反正，讲来讲去，都类似。一个原则，各自表述而已。

另一方面，宋宁宗驾崩，太子赵竑当然也得消息。他在等待入宫的诏令。入宫干吗？处理丧事。怎么处理？当然是以继承者之姿，以现任皇帝的身份，处理丧事。

哦，对了！赵竑心想，过不了多久，要顺便处理史弥远这个家伙。

赵竑等啊等，踮着脚跟，远远望向宫中。

盼啊盼的，始终没见到传讯的人。

史弥远在禁中对着大家说，皇上驾崩了，快宣太子进宫，处理此事。哦，对了！这个太子是沂靖惠王府皇子赵昀，不是那个万岁巷的赵竑。别找错人了。

一些不明所以的吃瓜群众面面相觑：是赵昀，不是赵竑？

史弥远又说了："快去，若有耽误，斩！"

《宋史》接下来的笔法，关于赵竑的反应，实在是活灵活现，文辞巧妙。另一方面，夜幕低垂，赵竑在门口等啊等，盼啊盼的。瞄到一辆马车快速经过，却不是来迎接自己，感到莫名其妙；没过多久，车马簇拥着一人经过，他看不清楚是谁，反正绝对不是自己（不然自己怎么还会在这里），他以为自己在做梦，完全莫名其妙。

许多吃瓜群众，不是史弥远的人，对他这个举动，应变不及，也感到头脑发晕，隐隐感觉，有人似乎要搞大事情了。

他们都以为自己在做梦。

车队把赵昀接到禁中，史弥远引导他到宋宁宗灵柩前，史弥远哀痛，不能自已。赵昀看着这个前皇帝，眼前这个死人，心情复杂，也是不能自已，不能自己决定，什么事都不能。

两个不能自已的人，决定了彼此未来数十年的命运。

仪式结束之后，才命赵竑进宫，赵竑听到命令，立即出发，赵竑的侍卫却在门口被挡了下来，表示：只有赵竑一个人可以进去。当然是史弥远的意思，他是故意的。这样更有震慑感，戏剧张力效果更佳。

史弥远若活在当代，不玩政治，他一定会是个优秀的编剧。

赵竑终于进来了，感觉气氛不对，哪里不妥，又说不上来。史弥远同样把赵竑引导到宋宁宗灵柩前，史弥远哀痛，不能自已。赵竑看着这个前皇帝，眼前这个死人，心情复杂，也想不能自已，可是他"不"不出来，因为现场太诡异了。

不能自已决定，什么事都不能。

这个不想、不愿、不能自已的人，在日后，常常也身不由己，直至在政治旋涡中，淹死后已。

史弥远表演完毕，看看时间也差不多了，好戏即将登场，将赵竑带出去。宫殿内，百官早已就位，依序立班，恭听遗制，赵竑也在里头。赵竑想想不对啊，愕然曰："今日之事，我怎么会还在这里？仍在此列，跟吃瓜群众站在一起？"夏震骗他（或许是想嘲弄他），对他说："还没正式公布，所以当然在这里，等到正式公布，就不会了。"赵竑想想，哪里怪怪的，却又好像挺有道理的。

没过多久，大家遥遥望见，一个人身，似乎登上御座，此刻月明星稀，微微点缀夜空，宫内烛影闪烁，时而明，时而隐。

赵竑觉得不对劲。

竟然已经开始宣制了。

他还站在这里啊！上面那个人又是谁？

宣制终于完毕，赵竑心里，煎熬难耐，好像过了10亿年那样长。

宫内一片欢呼，百官拜舞，祝贺新皇帝即位。当时一定有人小声说：

"莫名其妙，怎么会是他？"一旁同事，见状有异，或许连忙提醒："哎呀，管他的，快跟着拜，人多的地方，比较安全，不然明年清明节，就轮到子孙拜我们了。"

在齐声道贺高呼的同时，赵竑简直不能呼吸。他被摆了一道，不对，是被摆了一百道、一千道、一万道！当文武百官大声欢呼，对着新皇帝朝拜时，赵竑不愿意，他想离开，他走不了。夏震硬按着他的头，姿态强硬，逼迫他拜。

夏震是史弥远的跟班，当年把韩侂胄大骂一顿，拖到玉津园乱棒打死，他就是其中之一。

现场仪式仍在继续，杨皇后矫诏，其实根本不是宋宁宗遗意，赵竑仪同三司，进封济阳郡王，判宁国府，又加封为济王。没过多久，又以赵竑充醴泉观使，令就赐第。既要他远离权力中心，送到湖州，也要监视他，防范赵竑怀恨在心，图谋不轨。

史弥远也确实狠辣，他故意这样做，除了报复赵竑，也有示威的意味。皇帝是我扶持的，皇帝是我不要的，朝廷之中，废立之间，有话语权的是我，我说了算。示威，摆样子，既是对百官同僚，也是给新皇帝看的。

宋理宗即位，本身当然充满了传奇，对于皇权的"神圣化"举动，更是从来没有停止过，跟他约莫同时代的周密，在《癸辛杂识》中，就这样描写宋理宗的出身："穆陵之诞圣前一夕……""穆陵"是宋理宗之墓，代指宋理宗本人。文章主要就是说宋理宗天生异禀，出生时有各种神秘现象，两小角的大黑蛇、神兵相迎等，可见此人非凡。除了这些，又有人说赵昀兄弟有帝王之命，特别是赵昀，更是命中注定，帝王之星的最佳候选人。

撇开祥瑞的灵异现象与造神形象，其实宋理宗的出身，非常平凡。根据张金岭《宋理宗研究》的说法，首先，赵昀出生在从九品的县尉之家，县尉还在县丞、主簿之下，负责管辖兵士巡警等治安事宜。再者，宋理宗虽是宗亲家族，亲缘关系却非常疏远，远到几乎发现不了他的存在。

当然，如果是刻意发掘，又是另一种层次的政治考虑了。

宝庆元年（1225），也就是新皇帝宋理宗赵昀正式即位的第一年。几个月前，被史弥远废掉的赵竑，又被野心阴谋家搞了一次。

湖州人潘壬与其弟潘丙计划推翻政府，想要以重立赵竑为皇帝的方式，作为政治宣传，呼吁各方响应，转发讯息，成立勤王军。

赵竑事先得到消息，他不想再玩了，就躲起来，藏在贮水之地窖，还是被潘壬、潘丙发现。落魄王孙，落难贵族，实在身不由己。被强迫，又推又拉到州治，潘壬与潘丙等人竟然把准备好的黄袍套到赵竑身上。

赵竑吓坏了，不断哭泣，他知道是玩不赢史弥远的。不断跟潘壬、潘丙求情，请他们放过自己，被拒绝。只好再请求他们："汝能勿伤太后、官家乎？"众人遂发军资库金帛、粮饷等，用来犒军，又到处发放消息，责备史弥远擅自废立，无人臣之礼。并号称自己率领精兵20万人，水陆进击，要史弥远付出代价。

结果，天一亮，光线充足，明眼人一看，哪来的20万人，不过太湖地区的渔夫贩夫走卒，百余人而已。赵竑差点晕倒，此情此景，几乎不敢相信自己的眼睛。这不是在开玩笑吗？

赵竑自己解决，率州兵围剿这群神经病。又派遣王元春赶紧入朝，坦白从宽，证明自己的无辜，以示清白。史弥远听到消息，命令殿司将彭任组织军队前往平定，军队还没到，赵竑已经处理完毕。

可是，那又怎样呢？史弥远会相信赵竑的一面之词吗？会放过他吗？

反过来说，如果换作赵竑，你会放过史弥远吗？

果不其然，史弥远听说赵竑生病，打铁趁热，趁你病要你命，不对，管你有病没病。他派了秦天锡去帮赵竑治病，赵竑本来就没病，真要说有病，是当太子时，过度嚣张；真要说有病，是被废太子之后，过度倒霉。没多久，秦天锡见到了赵竑，话说得很明白，你活不成了，去死吧。

赵竑被强迫就范，上吊自杀。

另外一种传闻，若根据周密《齐东野语》的说法，赵竑并非自杀，其实比上吊更惨，被发现时，口鼻皆血，死因不明，死状凄凉："本州岛有老徐驻泊，云尝往视疾，至则已死矣。见其已用锦被覆于地，口鼻皆流血，沾渍衣裳，审尔，则非缢死矣。"

宋理宗赵昀听说此事，因给事中盛章、权直舍人院王塈等人一再建议，所以追封赵竑为少师、保静镇潼军节度使，又慰抚遗孤银绢各1000、会子万贯。没多久，右正言李知孝不断上奏，赵竑又被追夺王爵，降为巴陵县公。

此段期间，史弥远的所作所为开始引起侧目，引发厌恶。真德秀、魏了翁、洪咨夔、胡梦昱等人都觉得赵竑的事情就这样被和谐，实在过分。史弥远听到意见，将反对者都记在心里，他要找机会慢慢剪除。

金部员外郎洪兹夔就上疏说，他相信赵竑之死绝非宋理宗本意，而是史弥远玩弄权术。史弥远事先得到消息，拿到文章一看，大怒，丢到地上。胡梦昱同样也建议宋理宗，他以晋太子申生、汉朝戾太子刘据及秦王赵廷美之事，都说这些人是无辜冤死。罪魁祸首，是那些独揽生杀大权的权臣，一天不除，国家难以安稳。史弥远事先得到消息，结果史弥远的自己人，讽御史李知孝，立马弹劾胡梦昱，除名勒停，羁管象州，奏章当然也递上不去的。

另外一位，邓若水也是直言不讳，他同样认为赵竑死得无辜，史弥远玩得太过分。他建议宋理宗如果不处理史弥远，天下舆论会觉得赵竑之死，问题在宋理宗，会认为宋理宗得位不正，心里有鬼。史弥远作为人臣，权力过高，又妄自尊大，自把自为，一日不除，朝廷隐患变存。况且，目前看来，因为赵竑之死，引发国内政坛动乱，地方势力也蠢蠢欲动，潘壬、潘丙是一例，李孝是另一例，若能斩史弥远以谢天下，这些人出师无名。如此，则我们也可节省兵力，生民不至于涂炭，也不因内乱而耗损国力。

而当时，知名度较高，颇受读书人推崇、清望所在的人物，是魏了翁。他虽有建言，却始终毫无效果，他知道时势不可为，退休求去。

那么，宋理宗自己又是怎么看待、怎么想的呢？

三、皇帝的默许，行政的违规

在《宋史》中，列有《奸臣传》与《佞幸传》。这当然不是好的词汇，充满了贬抑与羞辱。试想，我们如果努力了一辈子，为了荣华，为了富贵，为了权力，为了自己与家人，结果行为不正，品行不端，被后世史家列入《奸臣传》与《佞幸传》，确实是让师友蒙羞，亲戚抬不起头，后代子孙都觉得丢脸的事。

《宋史》的《奸臣传》与《佞幸传》，名单如下：

《奸臣传》：

蔡确、邢恕、吕惠卿、章惇、曾布、安惇、蔡京、蔡卞、蔡攸、蔡翛、蔡崈、赵良嗣、张觉、郭药师、黄潜善、汪伯彦、秦桧、万俟卨、韩侂胄、丁大全、贾似道。

《佞幸传》：

弭德超、侯莫、陈利用、赵赞、王黼、朱勔、王继先、曾觌、龙大渊、张说、王抃、姜特立、谯熙载。

名单里，没有史弥远。

照理来说，史弥远独揽朝政，掌握大权，达 26 年。他引起舆论非议的地方很多，诸如金蒙和议、矫诏立理宗以及杀了济王赵竑等事。不过，即便如此，《宋史》的编纂群还是觉得上述之事并没有严重到需要将史弥远列入《奸臣传》的地步。

矫诏立理宗以及杀了济王赵竑，事情前面已经提过，而金蒙和议问题，则是下一章的主题。

后世研究者针对这个现象，提出几种解释，例如史弥远并未打压道学。史弥远的做法与韩侂胄简直相反。史弥远大力表彰朱熹，并追封朱熹、赵汝愚、吕祖俭、彭龟年，重新召回林大中、楼钥等人入朝，又任用许多道学人士，诸如真德秀、杨简、李心传。

前面说到的魏了翁，虽然不屑与史弥远同列，希望退休。但史弥远也没有过分为难，依然尊重礼遇。此外，又把周敦颐、程颢、程颐、张载、朱熹，分别特赐谥号元、纯、正、明、文。

而宋明理学，特别是朱熹的思想成为主流，因为这层缘故，所以《宋史》的编纂群对史弥远似乎还存有些好感，记述历史时，文字中颇有嘉奖称誉："史弥远申诉赵汝愚的冤情，辨冤白谤，还给赵汝愚公道，并且要求朝廷乞褒赠赐谥，平反他们，一时之间，当时所谓的'伪学'党人，例如朱熹、彭龟年、杨万里、吕祖俭等，虽已身死，墓木已拱，还是褒赠易名，或是录用其后人，召还还再世，即便已经年老的学者故人。"

当然，如果就王夫之看来，此等推崇，还不如不要。他在《宋论》中对这个情况就颇有批评。王夫之的意思，大概是说，史弥远一反当年韩侂胄，后者开启党禁，史弥远解除党禁，后者反对道学，史弥远推崇道学。于是请追、请谥、请赠、请封、请录子孙、请授山长，有请必得，一路请到宋亡元建。或许还是儒者的荣耀了？才怪！细思极恐，两人做法看似极端，深入分析，不是一样吗？过度尊拜，还是由史弥远这种人执行，结果儒者地位愈高，愈被人家看不起；愈表彰儒者之言，愈让人践踏儒者之言。言行心术，本该相符，却被史弥远割裂了，一一拿到政治市场贩卖，结果愈尊儒者，天下愈轻贱。

我们再来看看，《宋史》最后对史弥远的评价是："韩侂胄专权，执意北伐，劳民伤财，落得身败名裂，不得好死的下场。史弥远杀了韩侂胄，除国贼，安百姓，之后又集权了 17 年。宋宁宗死后，史弥远自把自为，擅自废立（赵竑），此举已非宋宁宗本意。宋理宗继位之后，史弥远又独揽大权 9 年，擅权用事，专用自己人。宋理宗对他又爱又怕，想起自己由他所立，所以他过度看重私情，不思社稷大计，所以虽有许多人举报他，却依旧受到重用。史弥远死后，宋理宗非但不秋后算账，还宠渥优待史弥远的后代，甚至为他制碑铭，题首数字，以褒其荣：'公忠翊运，定策元勋。'

可惜了赵竑不得其死，当年此事闹得沸沸扬扬，有识者群起而论之，为赵竑抱不平，辩冤白谤，史弥远不但不反省检讨，还任用李知孝、梁成大等鹰犬，不遗余力地反击，一时之间，正人君子纷纷贬窜斥逐，流放边疆。”

即便如此，金蒙和议、矫立理宗、杀了赵竑等事，虽有许多失当、失误，情理不符，过分举措，其实并没想象中那样糟，没有千万人头落地，没有百姓孤苦无依，没有国家山穷水尽。

或许，史弥远的事情说起来，也不太光彩，只是跟韩侂胄等人的相比，五十步真的可以笑百步，确实没有《奸臣传》与《佞幸传》那样严重。

说不严重，其实也没有好到哪儿去。

只是，如果就《奸臣传》与《佞幸传》的性质与内容来看，以史弥远的层级与地位，任宰相，发号令，提升“检正”“都司”，权倾朝野，凌驾皇帝，如果真要排名，他当然是入《奸臣传》，而非《佞幸传》。

不过，说到底，史弥远终究没有入列。

史弥远可以善终，永葆天年。在位之时，有生之年，都没有引起皇帝或其他权力集团的反扑，并且宋理宗还持续照顾其后世子孙，还为他制作碑铭，颇有知遇之感。甚至史弥远死后，依附史弥远的人，如李知孝、梁成大等遭贬窜，宋理宗亦力保史弥远名声，显然也是关键之　。

除上述事情之外，若根据尹航《宰属与史弥远专权》的研究，其实史弥远造成的“祸端”，引起后世无穷争议的，还有一个，就是实际上有司权力的丧失，肇端于史弥远的主政，他很多做法，变更体制，都为了更方便专权。

前面提到魏了翁，就预见了这样的现象，他不无忧虑地说：“从嘉定以来，检正、都司的权力愈来愈大，这又是因为宰相执政的关系。"

如果说，韩侂胄专权独揽，多只是要求台谏对"御笔内批"使用得心应手，并未改动官制，亦对三省职务划分以及统整缺乏兴趣，更没有想夺取六部权力，纳为己用。那么到了史弥远期间，可就不是那么一回事了。在魏了翁的控诉中，不断出现两个名词，都是关键词："检正""都司"。

这又是什么呢？

根据尹航的说法，"检正""都司"是南宋，特别是到了中后期，时常在官场文书出现的重要名词，其中的关键当然是史弥远。

"检正"，全名为中书门下省检正诸房公事；"都司"，则是指"左右司郎官"。在南宋语境中，因为其功能与性质，也常被称为宰属。"检正""都司"早在史弥远之前就已存在。基本上，两者的职能在于管理本省（三省合一）各吏员以及检举催促事务、上奏建议的调整等。那时"检正""都司"的权力并不像史弥远时期独大专断。许多行政命令基本上是由宰执系统，群体签名后执行。"检正""都司"并没有太多权力，也没有以其名义所下的相关命令，充其量，"检正""都司"所能主导的只能是日常政务而已。

那么，什么又是三省合一呢？根据袁良勇《宋代三省制度演变研究》的观点，北宋前期的制度，基本上因袭了晚唐五代，特别是二府三司的行政体制，目的是为了提高君权，削弱相权，避免权臣独大。

历史的讽刺却是，实际上的宋朝相权，常常凌驾于皇帝之上，为历朝历代之最。二府，就是政事堂与枢密院，前者负责政务事宜，后者则是负责军事问题；三司，北宋时期，则有盐铁、户部、度支为三司，元丰时期之后被废除。

唐代以来的三省，为中书省、门下省、尚书省，到了宋代，名义上虽然还存在，实际上已名存实亡，多数时间是闲差，无所事事。只是北宋外患内忧，外交上节节失利，军事上节节败退，许多知识分子要求改革，强兵富国的呼吁始终不断。于是改革官制，重用唐代的三省等主张，浮上议事台面。

王安石主政时期，力主恢复三省制，只是限于党争以及规划性质等，成效似乎没有预期中好。而元丰时期的官制改革，反而造成了更多冗官冗员，耗费资源，浪费公帑。南宋迁都，有鉴于前述的失误，想要改革，于是把许多机构整并，三省合一的做法开始出现，例如宰相得兼领枢密使。宋孝宗时期，又以左、右丞相代替三省。

回到前面魏了翁的忧虑，他在文章中对这些行政流程以及文书的传送、接收、批决等都有很详细的说明，可为中国宋代制度史的好材料。

魏了翁认为史弥远自从恢复任事，也就是魏了翁文中"嘉定以来"，史弥远任丞相以来，刻意提升"检正""都司"的权力，此乃后世大患，开启无穷的大麻烦。

首先，魏了翁认为，当命令文章至省之后，按照当前惯例，是由管理相关事务的"检正"以及左右都司负责，完成书拟之后，才能上呈给宰执。宰执观后，群体如有意见，则撤回"检正""都司"们，重新再拟。

如此一来，"检正""都司"就能提请送交相关部门，会勘处理，或协调，或沟通，或相关部门勘当后，仍然不合，则"检正""都司"可以再次发还，如此反复，就成了一种特权。因为"检正""都司"可以不断以再审之名，不断刁难，直至相关部门给出满意的答案，或是拟出模棱两可、充满灰色解释地带，可供上下其手的文书命令。如此一来，不但可供措手空间余裕变大，影响行政效率，甚至引发助长贿赂、密室协商等暗地交易。

用魏了翁的话来说，就是"近者累月，远者一二年，大抵多为迂回，故作沮难，实以为上下市恩，官吏受贿之地。而况检正乃中书门下省之属，都司则尚书省之属，而今混为一区，宁复有可否者乎？"更何况，"检正"原系中书省门下系统，"都司"属于尚书省门下系统，如今混为一谈，职能不分，成何体统？

其次有紧急迫切事件，"凡所谓奉圣旨依、奉圣旨不允"，许多决策流程必定以方便为主，例如"上不伺奏禀，下不俟勘当"之类，大为缩短行政传递以及商议。若然如此，"检正""都司"因处中枢，上下其手的机会便增加许多，会成为重要事件的决策关键。魏了翁所谓"尚先行"，就是不公开，也正是在御前讨论，不需要再给有关部门审核，只要经过尚书省整理，发报禁中即可。因为如此，所以很多时候，皇帝往往是先签署内容空白的省札，当有紧急事情时，再行填上内容。如此一来，紧急的决策往往是由宰相与检正、都司为决定核心，他们说了算，谁也不好插手。这样就大大增加了相权的独大。毕竟，宰相可以善用"检正""都司"，操作各种命令。宰相、"检正""都司"等，也因为所处位置，拥有操纵决策的特殊性方便，所以也容易与地方边疆将帅勾结。

就魏了翁等人看来，史弥远这样做，等于是借由体制的正当化，独揽大权，插暗桩、控言论、矫事情。史弥远以宰相权力，横跨大小事务的做法，也就是《宋史》批评他的"擅权用事"。

由此而观，这也是很多弹劾史弥远的奏章，"虽台谏言其奸恶，弗恤也"，最终没有效果，或是无法呈达的重要原因。

史弥远的做法，基本上引起后来政治上的困境。首先，如本节一再指出的，凸显"检正""都司"的地位，是史弥远为了操弄权柄，把持朝政，"体制化"出来的制度。

也因为"检正""都司"的参政，越出了之前的层级，达到前所未有的高度，影响力大增。在史弥远之前，历来权臣，如秦桧、韩侂胄等，虽任宰执，并不会利用"检正""都司"来体制化、正式化相权的提高。相权提高，往往也使君权衰落，导致朋党机会大增，党同伐异，更是屡见。

史弥远死后，由"检正""都司"引发的体制问题仍在继续。牟子才就批评这种制度："检正""都司"权大，导致行政效率愈来愈颠顶，近者累月，远者年岁，拖拖拉拉，结果文书愈堆愈多，事情愈堆愈杂，加上为相者，或才干不足，或无心政治，或故作姿态，结果历岁跨年，不能裁决重要政事。显然都是针对史弥远以来的现象发出的无奈之言。

"检正""都司"与宰相勾结严重，所以宰相自作聪明，大权独掌；要是命令不如意，则宰相往往以拖待变，经年累月，浪费人力物力，国家改革，停滞不前，该改革的不改，需要集思广益的问题，无人问津，漠然不顾。

史弥远造成的困境，到了欲图革新的"端平更化"以及宋理宗怠政、贾似道崛起之后，更为严重，结果变成政治上的大弊端。溯源而上，请循其本，不能不说是史弥远为了自己的权力，所制造出来的问题。

不过，即便如此，史弥远看来还不至于身败名裂，再回到本节一开头，看看我们提过的疑问。反过来说，《宋史》没把史弥远排进《奸臣传》，也可能是"比较"出来的，因为中年以后的宋理宗以及后来的贾似道，相形之下，似乎问题更大。正如《宋史》对宋理宗的评价，说宋理宗继位时间长，与宋仁宗差不多。可是宋仁宗之际，良相人才多有。反观宋理宗呢？史弥远、丁大全、贾似道等人相继登台，窃弄威福。导致国家财政、民生经济比不上庆历、嘉祐等年，也是理所当然的。而蔡州之役，依好蒙古的政策，南宋与其联手，方可对金国获胜，洗刷过去的诸般耻辱，但随即而来的军事决定，贪地弃盟，入洛之师，旋又兵败，事衅随起，真是得不偿失。"史弥远死后，宋理宗励精图治，上有可取，可是中年以后，嗜欲既多，怠于政事，奸臣权力愈来愈大，整个国家政事，愈来愈强调表面功夫、形式化作风，国力江河日下，也是无可奈何了。"

《宋史》认为宋理宗在位时间长，可比宋仁宗。宋理宗在位40年，宋仁宗在位40余年，确实相差不多。宋仁宗在位时，名相辈出，人才不绝，《宋史》说宋仁宗在位42年，君臣一心，朝廷之内，都是人才，即便偶有小人，但不足动摇士气，更不可能动摇国本。当然，《宋史》把宋仁宗在位40余年，说成上下一心，无纷争，无小人，尽皆君子，是有点夸张了。可是当时确实出现许多杰出人才，文彦博、杜衍、范仲淹、富弼、张方平、韩琦、晏殊、章得象、石介、欧阳修、余靖、王素、蔡襄等，文章才华、秉性品德，都是一时之选，朝政自然也比宋理宗时期，好上太多太多。

更重要的是，《宋史》说宋仁宗非常节俭，克己复礼，不浪费，不铺张，不放纵，就连晚上吃夜宵，都不太心安理得。而洪水旱灾，宋仁宗更是常常想到百姓，为民父母，为人民着想，光是这一份自律与怜悯、小心谨慎的态度，就足以获得史家肯定，他们称赞宋仁宗恭俭仁恕，既是天性，也是爱民如子。每当遇到水旱，宋仁宗自己就食不下咽，焦虑非常，总替人民百官着想。更不用说他饮食用膳穿衣起居等，都不强调奢华，甚至有时半夜饿了，还不忍叫夜宵，就是担心有人因此挨祸受罪。相较之下，宋理宗中年以后，简直就是宋仁宗的反面。

宋理宗中年以后，到底如何嗜欲既多，怠于政事，权移奸臣，贾似道又如何崛起？我们又该如何理解《宋史》这大段感叹呢？

至此，本书即将进入尾声，而南宋，也随着这些事儿，即将落幕。

宋朝的烟消云散，或许也是元朝开始坚固的历史机缘与际遇。

第七章

◎

蒙古崛起，南宋没落

一、宋朝的选择

就在史弥远当政的时候，北方政治也渐渐起了变化。

首先，金章宗在泰和八年（1208）过世，几个儿子都早夭，金章宗生前更没有指定继承者。朝中大臣经过一番决议，各种利益冲突、折中调和后，金章宗的叔父卫绍王完颜永济（完颜允济）继位。可是，完颜永济实在成不了事，庸庸碌碌，几近无能，《金史》说他"柔弱鲜智能"，朝臣也多看不起他。当时崛起的外患，蒙古族领袖铁木真（成吉思汗）雄心壮志，乃历史上有名的人杰，更是不把完颜永济放在眼里。

12世纪末到13世纪初期，本来在大草原生活的蒙古民族的乞颜部落逐渐壮大，不断击败并吞其他部落，特别是铁木真，经由他的努力与奋斗，基本上让蒙古各部落实现了统一。在1206年，金泰和六年，西辽天禧二十九年，南宋开禧二年，铁木真在斡难河边立国，成立蒙古政权，国号

"大蒙古国"。

这年，刚好是韩侂胄对金朝的北伐——开禧北伐。当南宋政权在韩侂胄的执掌下，企图将国内的党争纷扰、经济状况、民生弊病等"内部问题外部化"之后，北伐誓师，三路并进。当南宋"名将""带汁诸葛亮"郭倪自信满满，以为将建立不世功业的时候，当辛弃疾、陆游等人既期待又怕受伤害，北伐来临却又担心韩侂胄不靠谱的时候，蒙古的奇才铁木真，正在北方草原挥洒他的壮志豪情。

清末民初人物袁金铠，曾在《过成吉思汗驿》中描写铁木真："成吉思汗地，犹留怪杰踪。一龙极夭矫，万马昔横冲。余亦能过此，昔人不可逢。山川剩陈迹，瞻眺扩诗胸。"

坦白说，诗写得不太好，有点像拗口的顺口溜，怎么读都不太对。但不管如何，总归是后代对铁木真敬仰的一种表达。也或许，时代真的是属于铁木真的，他抓住了时势，创造了时代。

铁木真本来就有志于扩张，建立功业。于是先向西夏出手了。西夏此时臣属金国，听到消息，赶紧派使者向金国通报求救。刚刚继位的金章宗的叔叔——卫绍王完颜永济，竟然坐视不理，见死不救。

收拾了西夏，下一步，铁木真把目标锁定金国，金国大安三年，南宋嘉定四年（1211），蒙古攻金，进逼中都，可惜战况不利，无功而退。来年，金国大安四年，南宋嘉定五年（1212），铁木真再接再厉，亲自出征，包围金国西京大同府。

金国战况紧急，偏偏国内又有叛乱，耶律留哥起兵反金，蒙古招降他，他便顺势投奔。于是金国更弱了，外交内政等情势更是每况愈下。偏偏卫绍王完颜永济又拿不出办法，只能干着急，彷徨无助。《金史》对他的评价是："卫绍王（完颜永济）政乱于内，兵败于外，其灭亡已有征矣。身弑国蹙，记注亡失，南迁后不复纪载。"意思就是说，卫绍王完颜永济最后被谋杀，被"以下犯上"，身弑国蹙，失败早有征兆。

两年后，金国至宁元年，南宋嘉定七年（1214），蒙古大军再次攻来。卫绍王完颜永济依旧毫无办法，只能困守。同时，有人坐不住了，纥石烈执中率先起兵，杀了卫绍王完颜永济，又拥立完颜珣，完颜珣即位，是为金宣宗，年号贞祐。金宣宗是金世宗的孙子，卫绍王完颜永济的侄子，与金章宗同辈分，是异母兄弟。

日薄西山的金国，内忧是政情不稳，外患是蒙古太强。《金史》说战况是："时山东、河北诸郡失守，惟真定、清、沃、大名、东平、徐、邳、海数城仅存而已，河东州县亦多残毁。"

来年，金贞祐二年，南宋嘉定七年（1214），金国低头，与蒙古求和，本来和议已谈成，只是金宣宗不放心，又惧又怕，执意迁都南京，朝中大臣拼命阻拦劝导。在朝，丞相徒单镒等极力反对；在野，也有太学生赵昉等上书，极论利害。不过，狗吠火车，尽皆无用，金宣宗走定了，他想躲得愈远愈好。

金国首都，由中都改为"南京开封府"，所谓的"南京"，当然不是今天的南京，而是当年北宋的首都汴京。在历史上称为"贞祐南迁"。

"贞祐南迁"，闹得这样大，妇孺皆知，南宋当然也收到情报。此时此刻，就该把握机会，趁你病，要你命。不过史弥远还没想到北伐，倒是朝野都在讨论，钱财（岁币）还要不要给？最后的决定是，不给了，使节依旧往还，观察情势，因时应变，见招拆招，做出最好的选择。南宋停止岁币，是在嘉定七年（1214），距离"嘉定和议"（1208）不过六年，相关讨论我们在上一章已有提过，不再赘述。

金国仿佛从云端掉到谷底。

更有趣的是，"失之东隅，收之桑榆"的金宣宗版本，他有损于蒙古，就想要从南宋拿回来。你不给岁币，我就打到你给。问题是，你还要怎么打？打什么？金宣宗还真的硬干，他的借口也很简单，就是不履行承诺，不给岁币，南宋毁约。南宋嘉定十年、金宣宗贞祐五年（1217），金国乌古论庆寿、完颜赛不等率军攻宋。

正是"上帝要人毁灭，必先使人疯狂"，金国发神经之举，简直自取毁灭。不过这种自杀，是以蒙古立场来说的；对宋军而言，也不算是掉下来的礼物。因为南宋也打不赢，双方互有胜败，特别是泗州之战，给了史弥远很大的刺激。

最后，因为天气、财政、军备等，难以为继；最重要的是，蒙古继续攻金，内忧外患，金国实在打不下去了。同年十月，右司谏兼侍御史许古上疏，希望先遣使与宋议和，金宣宗答应了，命令许古起草同宋议和的和牒，写完之后，发给大家看，宰臣们认为这封文书写得太软弱，辞卑气衰，有祈求之意，示弱无助，实无足取，于是和谈这事，不了了之。

其实真的也不用谈了，我们从后世的眼光来看，十几年后，1234年，即金天兴三年，南宋端平元年，"端平入洛"，蒙古联合宋军，围攻蔡州，城陷之日，金哀宗自杀，金末帝死于乱军之手。

二、潜龙在渊的宋理宗

我们先看看史弥远在朝中的状况。根据《宋史》的记载，史弥远当政时，党羽遍布，其中有几个人，是他特别信任的心腹：周铸、史弥茂、夏周篆，这些人中既有史弥远的好友，也有他的亲戚，他们之间关系极深。按照常理，一人得道，鸡犬升天，他们都应该跟着吃香喝辣、飞黄腾达，享尽荣华富贵才是。实际上却没有，周铸始终都是老百姓，其他两位都是小官，没有想象中的那种应该官威极大、权势滔天，走向人生胜利的小组的感觉。

不过，如果就此认定史弥远不用自己人，那就错了。毕竟，废赵竑，立赵昀，人脉党羽势力的基础不够，根本难以成事。最有名的几个，号称"三凶"，分别是梁成大、李知孝、莫泽。

我们在前一章提道，史弥远突出"检正""都司"的地位，是为了他方便操弄权柄，上下其手。此外，他和韩侂胄的做法类似，都擅长控制台谏的监察系统，弹劾、举报、批评，用来铲除异己。"三凶"素擅此道，更是后出转精，尤胜前人。对于史弥远下达的指令，少有失误。

《宋史》有梁成大的传，短短数百字，几乎句句血泪，让人不忍卒读。他的成功，是踏着多少无辜或对手的鲜血来实现的。

梁成大，字谦之，福州人，他是开禧元年（1205）进士。《宋史》直接形容他的个性是"苟贱亡耻"。他为了升官，对史弥远的家仆万昕是百般谄媚，狗腿摇尾，听闻史弥远与真德秀的纠纷，梁成大直截了当地说："若是我入御史台，一定能成功对付真德秀。"万昕转达给史弥远，史弥远见此人能为己所用，早早投诚，就留意在心。果然，没多久就通判扬州，后来又快速升迁为宗正寺簿。

宝庆元年（1225），梁成大讲出了身为人主之狗，应该如何针对主人心意，明白主人的意有所指，为主人排忧解难，对敌人吠声吠影、咆哮敌人的千古名话。他的意思，基本上就是说，忠奸善恶难分，有些人是佞幸，乍看却是忠臣，原因可能是好名，刻意制造的名声，或是故意跟人不一样，突出优越感，又或是以假的人设，欺骗君王世人等。这些人讲出来的话，看似忠耿，其实内心都是邪恶的，满肚皮密谋，花开花落都看不见。

偏偏要辨别这些，又不容易，恶紫夺朱，熏莸同器，泾渭杂流，结果可能是言行不一，所守非所学，欺世盗名。言下之意，梁成大认为，自己显然可以作为主人忠贞的伙伴，帮忙主人辨别忠奸，分判朱紫，区别泾渭，只要给他机会的话，一定不负所望，排除万难，顺利达成主人的任务，解锁成就。

明摆着是对史弥远表忠心。

只要愿意给我吃些骨头，吃饱饱，就可以了。

梁成大的这些狗言狗语，正如早川一会（S.I.Hayakawa）在《语言与人生》里指出，语言不但维持了人际沟通，更是形塑个人存在的关键，一个知识丰富而成熟的人，不会因为不知事情的全部面貌而感到不安，对于未知的情况，也不会感到恐慌，因为他知道，人生中自我存在的最大安全感，其实是来自内心的动态安全——因为心智无尽的弹性，也来自无穷的价值观点的安全感。

早川一会以反面的角度说明，我们往往会以另一种巧妙的说辞、充足的理由来隐藏自己的真正动机，这种语言性的饰词，充斥了人生，但情况有大有小、程度有高有低，而那些不知道自我观念，其实不足以代表"真实自我""全部自我"的人，往往就真的相信，误把借口当事实，于是乎，他们常常因此被自己完美的搪塞包围，因而失去了自知之明，谎言由此而生，借口亦因此而起。

其实，可以从另一个角度来看，说谎的人初始其实并不信自己的话，他只是要骗别人，还没想过要自欺，可是日子久了、时间长了，习惯成自然，也就信以为真、自以为"是"了。而人之所以自欺，大都是意识里希望如此，不但要别人上当，最后连自己都学不了乖，然后扬扬自得又津津乐道，一拍即合——这就是谎话。

梁成大就是一个代表，不过，他更愿意相信自己的谎话。果然，没过几天，梁成大任监察御史。第一件事就是对付真德秀，他说真德秀跟已贬的魏了翁一样，狂僭悖谬，应该削秩贬窜。奏章传上，或许是有人暗中企图搭救，拖了几个月，最后当然还是削秩，狗终究还是咬伤了人。

群犬到处咬人，狂犬病泛滥，扬扬得意，还自以为替天行道，是正义联盟呢。

罗大经在《鹤林玉露》里，就有《大字成犬》一条，专门写梁大成，说：犬吠狗叫，都是为了取信于主人。就如今日这些台谏之官，授权贵指使，受富豪贿赂，指鹿为马，指桑骂槐，内有愧于天子，外有负于百姓，说到底，其实连狗都不如呢。

不过，梁成大继续当官，仍旧升官，右正言、左司谏、宗正少卿。跟着史弥远以及李知孝、莫泽等，联手干了不少事，害了不少人。重点是，他还贪财，《宋史》就说梁成大贪暴奸狠，心术险恶，凡是有好处的，不管对方是否为忠良好人，可以斗垮的，必定全力以赴。而四方贿赂、珍奇宝物，都直接放在厅堂，用来给宾客参观，到处炫耀，甚至还侵占了别人的房产土地，也不觉得有问题。

其他二凶，李知孝、莫泽，历史记载不多。周密的《齐东野语》就说台谏李知孝、莫泽等人，奉承风旨，平日与他们有仇的，即便只是睚眦之怨，亦想方设法报复，弹劾无虚日。李知孝与诗人曾极有仇，私怨甚深，就寻章摘句，曲尽迁回，极尽能事，以典型文字狱的方式，污蔑曾极诗文中有诽谤朝廷的暗示，结果曾极因此被杀。

"三凶"之外，还有"四木"，分别是薛极、胡榘、聂子述、赵汝述。

薛极，字会之。宋宁宗嘉定元年（1208）开始平步青云。史弥远掌权后，更是重用他，赐同进士出身、拜端明殿学士、签书枢密院事、拜参知政事，除枢密使、出知绍兴府兼浙东安抚使。官位愈做愈大，坏事也愈干愈多。

胡榘，江西庐陵人，胡铨之孙。胡铨是当年抗金的宋朝大将。

聂子述，字善之，绍熙元年（1190）进士，颇有才学，但是当官时贪心暴敛，有多少油水就刮多少钱财。

赵汝述，字明可，宋朝远亲宗室。赵汝述跟其他几位相比，人品德行似乎好些，不过君子恶居下流，他终究还是被列入史弥远同党，《宋史》说他："（赵）汝述为尉，应诏上封事，论议恳恻，立朝荐引，多知名之士。然为时相所亲，蹭蹬通显，人亦以此少之。"论议恳恻，立朝荐引，多知名之士，看来赵汝述不太坏，甚至颇可称赞，可惜为"时相"史弥远所亲，是史弥远的人，相信也做了不少见不得光的事，舆论自然也不会有太多好评。

此外，还有朱端常、王塈、盛章等人，盘踞台谏系统，官官相护，陈陈相因，跟史弥远彼此一搭一唱。把不服从的、不听话的、别的派系的，都借由弹劾方式，排除于外。

朱端常不只是谏议大夫，还是宋孝宗淳熙八年（1181）进士，是史家，以兵部尚书兼同修国史、实录院同修撰，还有诗歌传世："丝丝烟雨弄轻柔，偏称黄鹂与白鸥。才着一蝉嘶晚日，西风容易便成秋。"诗中融合视觉、触觉、听觉，结合节候时分与鸟类动物，颇有朦胧细致的美感。

谁说奸臣就没有才华呢？可是，不免可惜，抒展才华，不必非要去斗倒别人不可。

由上可见，史弥远集相权、军权、财政权、监察权于一身，这个"史弥远集团"，相比秦桧、韩侂胄当年的结党营私，简直不遑多让。

而宋理宗，也不太敢管史弥远，睁一只眼，闭一只眼，相安无事过日子，似乎也就好了。

但是，宋理宗不说，宋理宗不作为，不代表他什么都不知道。

《周易》说："初九，潜龙勿用。"宋理宗是在宝庆元年（1225）即位，宋宁宗杨皇后死于绍定五年（1232）、史弥远死于绍定六年（1233）。8年左右的时间，宋理宗对于史弥远或曲意奉承，或装聋作哑，或故作姿态，或虚与委蛇。总之，就是不能跟史弥远硬着干。一来，史弥远朝野内外，势力人脉盘根错节，前车之鉴，帝王有赵竑，臣下有真德秀等人，宋理宗明白自己的处境。二来，宋理宗由史弥远而立，自然也可能因史弥远而废，史弥远也不是没做过类似的事情。自己能有今天，都是因为史弥远，自己如果没有明天，恐怕也是因为史弥远，投鼠忌器，宋理宗不笨，他看得颇清楚。

至于在情感上，对史弥远又敬又畏，又厌又爱，又感谢又害怕，复杂难述，连他自己都搞不太清楚。

孟子曾引用一句话，说得很好，道尽其中曲折："虽有智慧，不如乘势；虽有镃基，不如待时。"在没有"势""时"的当下，就要沉潜，潜龙勿用，忍耐，培养自己的各种能力与关系，一步一步，就像潜伏在水中的蛟龙一样，等待等待再等待，有朝一日，飞龙在天，翱翔宇宙。

容忍，是为了日后更多的自由，慢慢来，真的比较快。潜伏的几年中，宋理宗还是持续地做了些什么，在史弥远无处不在的监视中以及各种引爆的可能危机之间，宋理宗的努力方向，似乎也颇得体，颇为正确。

就张金岭《宋理宗研究》的分析，此时的宋理宗有几点特征。首先，他勤奋学习，储备知识，经史子集，类书政要，几乎都在阅读范围之内，务必让知识为我所用。知识就是力量，因为有足够的知识，实践到人生中，成为阅历，才有足够的分析能力，来解释当下情况并做出选择判断。

其次，培养提拔自己人，宋理宗对史弥远尊敬侍奉有如亲父；对待宋宁宗杨皇后，也是谨慎尽孝，不敢有丝毫怠惰，有若生母。他只能运用一些技巧，巧妙地保护了真德秀、魏了翁等人。在适当的时机之下，征得史弥远的同意，宋理宗更是诏求直言，例如宝庆元年（1225），又或是来年宝庆二年（1226），征召布衣李心传等。

宋理宗一方面广知当今国家社会问题，一方面也注意全国人才，在不惊动史弥远，不让他怀疑的情况下，宋理宗对这些人或赞赏或结交或提拔或笼络。史弥远或许也看出来了，却无伤大雅，任由他做些什么事，刷刷存在感，反正影响不了大局。

也因为有前置作业，有了前期的储备工作，当史弥远死去，"势""时"终于涌现，宋理宗才能快速地启动"端平更化"。更化云云，不是凭空出现，若没有注意到宋理宗事先的潜伏行为，就难以发现历史特殊之处。

要知道，初登位的宋理宗，才不过20岁，就是现在大学生的年纪，他在官场上、职场上，不过初入社会的菜鸟，如何斗得过这些牛鬼蛇神？

他身边围绕的人，多为中年。如杨皇后四五十岁，史弥远只比杨皇后小两三岁，年纪相仿。其他诸如"三凶四木"、朱端常、王塈、盛章，或老于世故，或满肚皮计谋，或狡猾聪明，或善于察言观色等，这些人、这个集团，阅历都比他深，经历也比他丰富，官场周旋，逢迎交际，知人知面，皮笑肉不笑，各种政治手段与话术，都玩得比他好。

宋理宗周围都是权术高手、权谋大师，稍一不慎，可是前功尽弃啊！也因为如此，史弥远在世时，宋理宗做了不少准备，显然已是他这个年纪又在这个位置可以做的。他已经做得够好了，不好要求更多。

绍定五年（1232），杨皇后死；绍定六年（1233），史弥远死。宋理宗此时，或许如释重负，"那个人，终于消失了"。

史家所说的"端平更化"，终于也到来了。

三、端平入洛

"端平"，是宋理宗的第三个年号（1234—1236）。前两个年号分别是宝庆、绍定。几年间，宋理宗确实大展手脚，一方面，慢慢清除史弥远的余党，或调或贬或死，例如李知远、梁成大、莫泽等，遭到监察御史洪咨夔等人弹劾，被罢官，或是被限制居住，取消官爵俸禄。政治上的追杀牵连或许并不严重，手下留情的很多。

宋理宗，总算是可以干自己想干的事了。

首先，是征召真德秀、魏了翁等人入朝，推崇理学，有意识地提升周敦颐、程颢、程颐、张载、朱熹等理学家的历史地位，例如朱熹被追封为信国公。

其次，关于民生经济，因为通货膨胀，纸币过多，宋理宗采纳臣下建议，以国库的预备金来平衡物价，禁止囤积民生用品以及有步骤地收回旧币，并停止新币发行。希望市面上流通的货币，可以与社会经济平衡。

再次，就是冗官问题，宋理宗决定不再养这么多闲官，浪费国库公帑，于是控制进士人数以及尽快制定合理的升迁制度并且确实执行。

前一章提到的郑清之也得到重用。他在绍定六年（1233）继任宰相，促成"端平更化"之治，还发动北伐，对付蒙古。郑清之此人很有趣，我们要用些篇幅说说他。郑清之，字德源，他的老师是知名学者楼昉。楼昉的楼氏家族是当时有名的大族，除了文化素养，当然还有良好的经济条件。楼氏家族的成功，基本上是靠同学、共事、交游、婚姻等方式，在政治上拥有充沛的人脉关系，成了四明地区的著名士族。此外，楼氏家族内部也因为经济条件愈来愈好，以至于对家族成员的求学、仕途、政治资源、社经地位等，都能提供许多帮助，成为正面的循环，楼昉、楼钥都是例证。郑清之跟这样知名的老师学习，颇得赏识。

嘉定十年（1217）郑清之中进士，调峡州教授。嘉定十六年（1223），迁国子学录。丞相史弥远找上郑清之，计划以他人取代赵竑，在上一章中已有提及。宋宁宗死后，赵昀继位，就是宋理宗，赵竑被逐，基本上郑清之都是策划团员之一。

宋理宗即位之后，对郑清之很是信任。郑清之有政治智慧，从他对史弥远的态度便可得知；郑清之的处世态度或许也影响了他的学生宋理宗，所以宋理宗对史弥远既尊崇又敬畏，不盲从不闹翻，以一个血气方刚的 20 多岁青年来说，实属不易。

史弥远死后，宋理宗甚至还感念他，赐谥号"忠宣"。此后，郑清之在宋理宗与史弥远主政期间，不断升官，宝庆元年（1225）改兼兵部兼国史院编修官、实录院检讨官，迁起居郎，仍兼史官、说书、枢密院编修官。宝庆二年（1226）权工部侍郎，暂权给事中，进给事中，升兼同修国史、实录院同修撰。绍定元年（1228）迁翰林学士、知制诰兼侍读，升兼修国史实录院修撰、端明殿学士、签书枢密院事。绍定三年（1230）授参知政事兼签书枢密院事。绍定四年（1231）兼同知枢密院事。

在绍定六年（1233）史弥远逝世之时，郑清之走上了仕途的高峰，他既任宰相，又担任右丞相兼枢密使。

如前所说，来年，端平更化正式开始，宋理宗亲总庶政，赫然独断，不必事事看着史弥远脸色，也不再放任史弥远集团的人贪赃枉法。郑清之尽力辅佐，慨然以澄清天下为己任，把真德秀、魏了翁、崔与之、徐侨、赵汝谈、尤焴、游似、洪咨夔、王遂、李宗勉、杜范、徐清叟、袁甫、李韶等人重新召回朝廷，委以重用，共商国是，一时之间，人才济济，号称"小元祐"。

可惜，从端平到嘉熙，再到淳祐，意图改革，立意虽佳，短短的十几年，流风余韵，确实也做了不少事。然而现实问题却是，沉疴已久，非一时一刻能改善，宋理宗需要更多的时间。可是金朝灭亡，蒙古崛起，外交形势愈来愈严峻，留给南宋的时间已经不太多了。

更何况，中年以后，执政20多年后的他，忘却初衷，昏庸沉迷，雄心不再，早就没有了斗志。

后代人王夫之看到这层道理，他在《宋论》里说：南宋灭亡，难道真的只是蒙古太强吗？可怜之人必有可恨之处，宋理宗的所作所为，贾似道的贪权好势，难道不正是主要原因？这些人以白为黑，指鹿为马，以贿赂望阃帅，以柔媚掌兵权，以伉直为仇仇，以爱憎为刑赏，所以才有后来的余玠之死、刘整之叛，才有吕文焕迟迟等不到支持。

而所谓的地理之险、地形优势，又能如何？物必自腐而后虫生，长江淮河天险，又如何能挡住政治败坏？再加宋理宗用人不当，也无心政务。别人都在进步，只有自己原地踏步，甚至愈来愈堕落，于是北方愈来愈强，蒙古遥遥领先；南方愈来愈弱，南宋远抛在后。当时，就算是英明之主，尧舜禹汤文武周公再世，都未必能挽狂澜于既倒，扶大厦之将倾，更何况世中才之主宋理宗？

"地利"云云，就算对南宋再有利，又如何能保护南宋到永远？

　　王夫之的话，确实很有道理。不过，宋理宗刚继位时，可不是如此。那时的他，励精图治，朝气蓬勃。也就在这个时候，发生"端平入洛"的事件。"端平"，前已言之，这是宋理宗的年号；"入洛"，是金国被蒙古与宋朝联手灭亡后，蒙古与南宋两国发生战事。蒙古入洛，南宋失败，退回到原本的分界。

　　事情的发生，如本章第一节所言，端平元年（1234），金朝的蔡州被蒙古攻陷，金朝正式灭亡。金哀宗的遗骨被南宋军队送到太庙，祭祀牺牲，告慰宋朝历代先人：我们宋朝的死敌金朝终于失败消亡。皇室贵族，平民百姓，举国欢腾，雀跃开心。

　　金朝覆灭之后，紧接着而来的，是蒙古与南宋两国关于战后胜利品包括领土划分的谈判问题。其中又以河南地区最重要，蒙古军考虑到天气适应以及后勤补给的问题，暂时撤退，河南地区无人看守。

　　早在南宋与蒙古联手时，宋理宗就不只是想打败金国而已，他更想收复失土，北上中原。

　　如前所言，蒙古暂退，河南地区成真空状态，宋理宗很想见势出击，一举收复旧地。《宋史》说他以赵范为京河关陕宣抚使、知开封府、东京留守，又以赵葵为京河制置使、知应天府、南京留守，除此之外，还任命全子才为关陕制置使、知河南府、西京留守。此类举动，政治意味明显，军事行动显然箭在弦上。

　　稍早，宋理宗又发出诏令："河南新复郡县，久废播种，民甚艰食，江、淮制司其发米麦百万石往济归附军民，仍榜谕开封、应天、河南三京。"开封、应天、河南三京，都是宋朝故都，除了土地本身之外，政治文化的象征更是重要。可见宋理宗已经迫不及待，想要恢复祖宗旧业了。

宋理宗的信心也是有根据的，因为从潼关到黄河这条战线，南宋据此对抗金朝多年，各种军事设备工事颇为齐全。军队训练武装也都不俗。可以据守，也可由此进攻，前进后退，都颇有余裕。

不过，朝中对于和战问题却是莫衷一是。监察御史李宗勉反对甚力，他的理由也颇有道理，现今出战，不但有违盟约，而蒙古兵强马壮，我们硬着打，吃力不讨好，不如趁如今局势稍定，休养生息，储备实力，来日再争长短。

值得一提的是前面提到的史嵩之，《宋史·史嵩之列传》载："会出师，与淮阃协谋掎角，（史）嵩之力陈非计，疏为六条上之。诏令（史）嵩之筹划粮饷。"

史嵩之是谁呢？他是史浩的孙子，他的叔叔就是史弥远。史弥远倒台并未影响史嵩之。其实史嵩之是颇为能干的，也有政治野心。他是宋宁宗嘉定十三年（1220）的进士，资历颇丰，曾任光化军司户参军、襄阳户曹、襄阳通判、京湖制置使、参知政事等。最重要的是在端平入洛之前，他长期待在襄阳，负责军防等相关事务。史弥远在朝廷，史嵩之在襄阳，一中一边，时常交换信息，虽然未必就是党同伐异、狼狈为奸，而是彼此深知襄阳的重要性，既是对外也是对内的重镇，所以史弥远需要掌握此地信息，史嵩之显然做得挺好，深刻满足了史弥远的政治需求。

宋理宗北伐，史嵩之深知不可，可是他对于襄阳军务，确实熟稔，所以宋理宗还是希望他参与，负责后勤补给等工作。

不过，战争又不是打电玩，战争规划准备，岂能成于一时一刻？宋理宗要打的仗，实在是太仓促了。后来也证明，果然就是因为后勤问题，端平入洛，蒙古军进入洛阳，打败南宋，导致南宋仓皇撤退。

事后，宋理宗下诏罪己，也追究失利原因，史嵩之成了战犯，罪名是运粮不力，被免职。

虽然没多久，又重新被任用。

史嵩之是标准的求和派，这也是他日后仕途屡被政敌攻击、被怀疑的口实，比身为史弥远亲戚更常被人提及。后来他的官愈做愈大，似乎也愈来愈见不得人好，利禄贪嗔之心愈狂。王夫之在《宋论》中，就有许多批评，有时候更是直接说，导致宋理宗愈做愈差、愈来愈烂，中年以后嗜欲更大的，除了他自己，还有那些臣下所致，任用不得其人，还用到不好的人，难怪南宋回天乏术，神仙都救不了。贾似道固然祸国殃民，但在此之前，史嵩之的贪势恋位，显然也是一个关键问题。

回到主题，宋理宗坚持开战，郑清之基本上支持宋理宗。此外，主要几个将领是赵范、赵葵、全子才等寥寥数人，是负责作战的主力。

只是人选似乎都不太靠谱。

如前所述，根据史料记载，"端平元年，朝议收复三京，（赵）葵上疏请出战，乃授权兵部尚书、京河制置使，知应天府、南京留守兼淮东制置使"。（见《宋史·赵葵列传》）

端平元年（1234）六月，宋理宗宣战，正式出兵，《齐东野语》说当时民生凋敝，流离失所，颇为不堪，军队行军途中，经过蒙城县，大概是今天安徽省西北部的地方。蒙城县当时有两城相连，城中人民不到百人，一无所有，一穷二白。城外风景没啥好看的，倒是白骨相连，仅存的人民骨瘦如柴，眼中见不到希望，苍蝇蚊虫都在脸上飞啊飞的，情景相当骇人。

南宋军队本想趁机捞点好处，结果因为轻行进军，过度贪功急躁，想快速占领洛阳，只有数百人星夜赶往，粮食不足。再加上北伐一事，准备不足，许多后勤支持根本未到位。几百个人到了洛阳后，粮食很快见底，只能采蒿和面做饼而食，暂时果腹了事。

原来此乃蒙古军的"空城计"，相较前人，诸葛亮是不想让司马懿进来，蒙古军却巴不得南宋军快快进城，请君入瓮。此时，杨义的军队又在北牢关被蒙古军突袭，溃败而逃。消息传到洛阳，人人自危，疑惧不安。

南宋军队短暂占领了洛阳、汴京，不过一两个月，兵疲马困，后勤补给不足，士气不高。到了八月，蒙古军开始进逼洛阳，围困南宋军队多日。南宋军队，士卒饥甚，杀马而食。无计可施，无法可想，只能突围而出。其间历尽艰苦，转斗而前，粮食早无，只能食桑叶者两日，食梨蕨者七日。死了几个将领，损失车马辎重。赵葵、全子才得到消息，还打算北上再度决战。帅参刘子澄则以为无益，力劝不可，好说歹说，毕竟，现在赶赴洛阳，于事无补，更何况我军先天不良，后天失调，现阶段是绝对打不赢的，趁早撤退吧！

众人冷静过后，从热血转为担忧，从兴奋到害怕，同意刘子澄的分析，下令促装，翌日早晨起发，吃瓜群众还以为是准备援救洛阳，其实是往回走。《宋史》在赵葵的传记中写道："时盛暑行师，汴堤破决，水潦泛溢，粮运不继，所复州郡皆空城，无兵食可因。"兵粮不继，已是军事大忌，没过多久，南下途中，一边撤退，一边受追击，渡河期间，为了阻挡敌军，放开水闸，结果导致我方兵马多溺死，部队几乎崩溃，全员败逃。

出兵前，也不是没有眼光如炬的人，事前提出警告。乔行简就说中原有可复之机，大有可为，北伐大事，进取有利，可是真正的问题不是能不能打赢，而是后继可能乏力。首先，是内政能否足以支撑前线战事？给予坚强后盾？若是朝廷之内，拼命扯后腿，前线打再多场胜仗，不能持续，又该如何？

再者，军队士气如何？武器够精良吗？粮食运输有到位吗？

自古以来，盖世雄主英君，规恢进取，必须选将练兵，丰财足食，然后才考虑军事行动。可是，当今朝廷良将，足当一面者，能有几人？勇而能斗者，能有几人？智而善谋者，能有几人？屈指算算，不过二三十人，寥寥几人，该怎么成事？而政府的军队，能战者几万？部队又必须分道而行，驻防的、进攻的、留守的、补给的、野战的、防御的，照理来讲，应该有二三十万才够，今日显然不足。

而且，臣下（乔行简）感到疑惑的，兴师十万，日费千金，费日费月费年，如果千里路途，导致粮食不够，则士兵饿着肚子，该如何打仗？所以，现下国力既不足，民众生活亦不堪温饱，恐北方未可图，而南方已先骚动。

更重要的是，北方中原连年兵祸，蹂践之余，所在空旷，纵使我们军队战场也颇顺利，东南有米可运，可是道里辽远，由淮水而进，纵有河渠可供运输，可是就不怕盗贼觊觎？粮道不继，当此之时，就算孙子、吴子复生，韩信、彭越再世，恐怕都无能为力。

乔行简所说，很是中肯，可惜言者谆谆，听者藐藐，没有用。战败之后，乔行简还是被免职了。

　　《宋史》对这场战事的叙述，没有《齐东野语》详尽，基本上相差不远。赵范、赵葵是两兄弟。结果，哥哥上表弹劾了弟弟跟全子才，被降级。端平入洛后，他们还有故事，特别是赵范。

　　《齐东野语》说端平入洛，赵范兵败之后，朝廷命赵范为龙图阁学士并依旧掌管府事、节制两淮巡边军马。宠任亲信依旧，理由是赵范在荆襄任事许久，熟悉地理人事，在地方上颇有信望。或许也因为如此，赵范过于自信，觉得就算北伐不成，防守绝无问题。结果自我感觉过度良好，宠用亲信，亲信又接着乱搞，荆襄一带秩序混乱，民讼、边备逐渐废弛，既内斗且内讧，自己人看自己人不满，互相倾轧陷害。许多比较清醒的幕府人员虽不作恶，也不阻止别人干；虽不贪污，也不阻止别人拿。袖手旁观，明哲保身而已。

　　结果，许多投降宋军的降军得不到赵范的信任，又时时被怀疑，赵范觉得他们会出卖南宋，而他们觉得赵范会牺牲自己。上下交相骗，屡有互斗，互看不爽。例如杨佟与郭胜，彼此不合，彼此猜忌，互相告状；又例如王旻招收的许多降军，特别是所谓的"克敌军"遭受到许多不平等的对待，心有不满。

　　这些都给了蒙古军机会，端平二年（1235），蒙古军趁势南侵，夺了不少地区粮饷马草，同年退兵，情势并未好转。结果，端平三年（1236）十二月二十日，发生了这样的事。《齐东野语》记载，李虎是朝廷遣镇江都统，军队又号"无敌军"，进驻襄阳府，协助南宋军，北防蒙古。此时谣言满天飞，传闻"无敌军"是要来除掉"克敌军"的，绘声绘影，仿佛百分百确定似的。王旻对驻防安排显然不满，因为有降军"克敌军"在手，实力大增，有点飘飘然，自满上了头，妄自尊大，与李虎不和。"克敌军"与"无敌军"，更是水火难容。

赵范搞不清楚状况，或是被蒙在鼓里。某次晚宴中，众人大醉，达旦而罢。隔天"克敌军"按照计划，放火搞事情，劫掠烧杀，擐甲露刃。赵范见事情不妙，难以收拾，在城墙上看到王旻，正要叫他上来，问个清楚，一旁的李虎也见到了，新仇旧恨，涌上心头，立刻大喊斩了王旻，话音未落，王旻身首已断，已被乱刀分尸。

赵范于是下令，歼灭"克敌军"，要他们团进团灭，结果箭雨交加，刀刃齐上，多惨死，叛军还是逃了不少。也因为襄阳内乱，敌我难分，一时间不能平息，赵范等人只好收拾细软，尽快出逃。城中百姓也因为军队烧杀掳掠，家破人亡，或逃或死，哀号遍地。

襄阳就此失守。

遥想当年，南宋绍兴四年、金天会十二年（1134），岳飞收复襄阳六郡，失而复得，百余年后，得而复失。还是自己人打自己人搞丢的，岳飞如果地下有知，不知做何感想？

岳飞到底有何感想，我们不得而知。《宋史》的感想是："城中官民尚四万七千有奇，钱粮在仓库者无虑三十万，弓矢器械二十有四库。"这些东西，不能算少，结果内斗外行，皆为敌有。从自岳飞收复至今，130多年，生聚繁庶，城高池深，不过一朝一夕，化为灰烬，"祸至惨也"。

"一旦灰烬，祸至惨也"，端平入洛，显然给宋理宗上了一课，战争不是儿戏，一如当年即位的宋孝宗，一如当年的开禧北伐。准备不足，打不赢就算了，还有可能被倒打一耙，损失更多，国破家亡。

宋理宗下诏罪己，深刻反省。没多久，郑清之、乔行简等人也被免职，赵范、赵葵、全子才等人被降级，史嵩之也被追责。

四、再论端平更化

端平之后，从嘉熙到淳祐，三个年号，大概十几年的时间，宋理宗倒是脚踏实地，励精图治。所以"小元祐"也好，"端平更化"也罢，其实包括了端平、嘉熙与淳祐。

根据张金岭先生在《宋理宗研究》的整理，这段时间，宋理宗的政治部署，包括了几个方面：

称提楮币。楮币就是纸币，因多用楮皮纸制作而成，故有此名。有时也被叫作"楮券"。宋理宗时，楮币贬值，导致物价上涨，通货膨胀，国家也发生财政危机。所以宋理宗颁布许多政策，就是为了挽救楮币，称为"称提楮币"。包括加强整顿楮币、加大回笼楮币的力度、少印新楮、回收旧楮、任用专人与机构处理楮币、允许臣民以楮币缴纳税，一方面收回旧楮，一方面也是提高楮币的信用与支持度以及坚持不废会子，永远行用，最后就是制度相关法律，禁止伪造楮币，以免劣币逐良币

整顿盐业。苏轼说过，北宋当年"赋役牛毛，盐事竣急"，结果北宋发生的情况，到了南宋又再来一次。其实，从西汉开始，盐税就是最重要的税收之一。政府定价，官员管理，人民生产，也因为数目巨大，多方牵涉，都想借此捞钱，于是横征有之，暴敛也不在少数，更有许多民众宁愿犯法，也要偷贩走私抢劫，因为利润可观。而供需不平衡，官商勾结，上下其手，价格浮动，眼红的人多了，常常也发生暴动与倾轧。其间也出现过盐商吃

得饱赚得多，"盐商妇，多金帛，不事田农与蚕绩"。明清以后，或商帮合纵连横，或引窝贩卖独占，只要搞定上面，几乎可以垄断。

400年前的台湾，荷兰东印度公司一度想引入晒盐技术，可惜品质不佳。郑成功父子时期，陈永华（陈近南，传说中天地会的老大，不是铜锣湾那个。金庸小说《鹿鼎记》中，江湖有言："平生不识陈近南，号称英雄也枉然。"）变革盐法，改煎为晒，台湾盐史，后历经清朝与近代，渐入佳境。

现代人养生，少吃盐，盐文化并未就此消逝，转型生技，做成美容食品、清洁保健等，开发观光产业，纳入文创，变成产业链，供人游玩怀古消费之用，以另外一种方式继续赚人民的钱。

回到主题，宋代实行的食盐专卖制度，公家制盐，再由盐商负责销售，这就是史称的盐钞制度，又称盐引法，也就是盐商支付费用，向官方取得许可证，才可以贩卖食盐，除此之外，都是非法、违法。

端平之后，国家政策改革，都需要花钱，国家财政不足。宋理宗从整顿盐业下手，主要是处理走私的问题以及促进食盐买卖的流通关系。政府要确保食盐的生产、运输以及贩卖，不让不肖人士，官商勾结，上下其手，中饱私囊，于是查核经通管道是否畅通，盐商以及公家相关机构是否有舞弊等情形。

另外，宣布取缔私盐，从而引起了许多暴乱，毕竟挡人财路。宋理宗对处理此类问题，常也感到头大棘手。

最后，对于北方的防备，宋理宗也加强四川以及京湖的防务，或依山平险，建筑坞堡；或任用良将，如余玠等人；或结合军民，亦战亦耕。

端平更化，或许是南宋政权的回光返照了。

尾　声

宋理宗，经过端平（1234—1236）、嘉熙（1237—1240）、淳祐（1241—1252）到宝祐元年（1253），这时的他已经四十七八岁了，即将迈向 50 岁。

或有几茎白发，心情早过中年的他，走过史弥远的阴影，走过端平入洛的危机，走过十数年的专心朝政，身边也走过各种各样的官场人物。现在的他，好像一个疲惫的中年男子，又或是泄了气的皮球，有着忙不完的工作，各种压力，似乎他也有点扛不住，也不想扛了。

还记得我们在第二章时，提过的中年危机吗？

50 岁的宋理宗，似乎找不到方向，历经数十年的官场历练，从明哲保身到大展拳脚，从潜龙勿用到端平更化，如今我 50 岁看从前，离老去还靠不上边，可是体力渐衰，精力渐弱，似乎对于人生终点明显有了焦虑。就像渡河的人，走到中间偏前，回首过往，不见此岸，往前遥看，远远地，似乎又不是太远，好像看到了彼岸，身旁人流来来往往，依旧无边无尽。方向是什么，方向在哪里，他好像也放弃寻找了。

他的老师郑清之，淳祐年间再登相位，一度还加官至太傅。开始时还做得不错，如整顿盐业等，与宋理宗搭配颇好。随着郑清之年纪愈大，行事也愈来愈平庸，没有什么冲劲与锐气。淳祐十年（1250），就是郑清之死前的一两年，还给宋理宗写了份备忘录——《十龟元吉箴》。十个关键词，《宋史》是这样说的，"一：持敬，二：典学，三：崇俭，四：力行，五：能定，六：明善，七：谨微，八：察言，九：惜时，十：务实。"并且希望宋理宗不要耽于逸乐，多听臣下建议，郑清之也叮咛为政之道，要小心翼翼，如履薄冰，不要胆大妄为，自以为是。《宋史》说宋理宗看到这份备忘录，很开心，还要求史官写下来，并给了不少赏赐。

当然，上述的话，不能说没有道理，仔细想想，其实也是老生常谈，或许从正面来讲，也是郑清之官场多年的经验总结，言近旨远。但是，谁都看得出来，郑清之的晚年，确实不如早、中年般头脑清醒，勇于任事了。

当然，即便是宋理宗励精图治期间，终究还是有些善于权谋，经营关系，向往权力的人。很难说是好是坏，只是有了权力，导致腐化；有了权力，就想拉帮结派，干掉异议者，也是官场常见的事。

这些人，有时就变成《奸臣传》或《佞幸传》中的一员，有人进不了或许是手段还不够，或是良心未泯，或是机缘未至，终究达不到这个层级，其实内里也好不到哪儿去。从端平、嘉熙，到淳祐，到宋理宗死去的景定四年（1264），就出现了不少，如丁大全、史嵩之、董宋臣、马天骥、卢允升等。

当然，上述人等再厉害，终究比不上这个南宋的最后权臣：贾似道。

贾似道人生的关键点，应该是嘉熙二年（1238），贾似道中进士，不过二十四五岁，后起之秀，青年才俊。不过，早在七八年前，他的姊姊就以

"文安郡夫人"的名衔入了后宫，宋理宗注意到她之后，很受宠爱，又升为才人，一年之内，又成为贵妃。

因为姊姊受宠的缘故，贾似道官运亨通，当然他自己也很争气，科考通过。可是，根据时人的说法，指证历历，贾似道的进士文凭是作弊得来的。

不管如何，贾似道一路往上走，边爬边排除对手。终于，蒙古蒙哥派兵南下，从四川、京湖、广西等地发动攻击。在鄂州之战中，贾似道从汉阳进入城中，对抗蒙古军，他的对手就是忽必烈。蒙古军久攻不下，想要挖地洞攻入，却被识破；想要攀墙进攻，也遭到南宋军队誓死对抗。南宋军虽有胜利，终究寡不敌众，后力不继，贾似道屡屡想向蒙哥求和，都被拒绝。

上天却给了贾似道一个礼物，蒙哥进攻四川，本来都很顺利，就在合州钓鱼城时，不幸身亡，到底是战死还是病死，至今未有定论。

蒙哥一死，忽必烈急忙撤军，《神雕侠侣》对此的描写，倒是要言不烦，符合实情："蒙哥既死，其弟七王子阿里不哥在北方蒙古老家被多位王公拥戴而为大汗。忽必烈得到消息后领军北归，与阿里不哥争位，兄弟各率精兵互斗。最后忽必烈得胜，但蒙古军已然大伤元气，无力南攻。"

贾似道因祸得福，也不敢追击，倒是宋理宗高兴得不得了，仿佛吐了几年前失利的气，在贾似道回朝时，宋理宗特意到郊外迎接，夹道相迎，欢天喜地，众人喝彩不止。贾似道也顺理成章地排除了左丞相吴潜。

贾似道只手遮天的时代，正式来临。

此时，离南宋灭亡，大概还有 20 年。

一切坚固的东西，终究烟消云散了。

后　记

本书的中心点，是 1206 年（南宋开禧二年、金泰和六年）发生的大事：开禧北伐，南宋为收复失地之举，与北方的金朝强行开战。不过，正如一开始所强调的，将"虚弱的反攻：开禧北伐"脉络化，更是本书强调的问题意识。

于是我们从"绍兴和议"谈起，乘着历史之河，顺流而下，观看当时的人和事，从宋高宗到宋宁宗，从朱熹到韩侂胄，从孟太后到李皇后，金国复去又旋来，南宋和议又北伐，蒙古以势微而崛起，权臣佞幸层出不穷，朋党禁了又解，良臣将相、君子小人、官僚道学，换了一批又一批，政局波涛汹涌，暗潮明流，一并俱现，让身处河中的我们，目不暇接，差点晕船。

读完本书，看尽繁华荒凉，一堆人物，或聪明一世，或机缘适至，却往往作茧自缚，自作自受，自以为是、自讨苦吃。不过，读史的目的不是要让自己更厚黑，满肚皮阴谋诡计，花开花落都看不见。而是应该光明磊落、更能理解，找出问题，然后自省处理，让我们从不完整的人，变得稍稍完整些；让世界从不完美到稍稍更好一些。

甚至，可以更进一步，看透"我"的许多难处与困顿，涉入其中，深知色相，又时而超脱，排除假象，《大智度论》说有人问，佛说无我，许多佛经却总说"如是我闻"，此是何故？答曰："佛弟子辈虽知无我，随俗法说我，非实我也。"书中人物，宋高宗、朱熹、韩侂胄、陆游、辛弃疾、史弥远等都不是我们，但谁知因缘适至，风云际会，如龙或蛇，我们会不会变成他们？人之生，与忧俱起，入牢穽，受羁绁，得惧畏，获烦恼，而读史习文，问道述学，阅世寄言，正是要体悟知我之所以为我，为我得以无我的功夫。

本书的撰写，感谢耿元骊和蔡伟先生的邀稿。2020年上半年，因疫情之故，都待在台湾，并未返校，因此有许多时间可以阅读相关史料，知言养气，从容地准备前置撰写工作。

真正构思阶段，则是在7月底回校，我在厦门隔离14天的时间，因为没有携带外接键盘，只能使用笔记本电脑，对我而言，慢得要命，单指神功，打字如龟速，实在痛苦。因此章节内容等，都是我用饭店的纸张，边想边写，涂涂改改的。

隔离的经验，与构思章节的当下，彼此交织，互相重叠，"蒙太奇"不已，实在也是生命中的一场意外阅历。

在桃园机场搭机时，准备先到厦门隔离，结束后才能返校。见到空空旷旷的机场，工作人员比乘客还多，也算是生平头一遭。安检、查验等，也几乎不用排队，极度顺畅。上了飞机，没坐满，大概就一半吧。倒是人人自觉，戴上手套和口罩以及防护面具。

到了厦门，之后分发饭店，为了方便考虑，多在机场周围，距离极近。

只是住哪儿睡哪儿，完全随机，价格高低，环境如何，能不能订外卖，全看运气；但也有人性考虑，夫妻同事等，多安排在同间旅馆。特殊状况者，例如有幼儿老人等，可以同住。整个规划，工作人员既迅速又有效率，相比前几个月，那时的隔离安排状况，临阵磨枪，简直天壤之别。

进到房间，老实说，感觉还挺好的。之前问朋友、看网络，很多人都说极度无聊，闷到快发疯，每天发呆、数飞机、玩游戏，度日如年，无止境的慌，还有人开始练毛笔字修身养性了。可是，读书人怎么会无聊呢？就像台湾网红调侃式名言："台风天就是要泛舟"，隔离期间就该看书啊，不然要干吗？

这种隔离，三餐有人送，房间设施该有的都有，早晚专人量体温。除了要付钱之外，对读书人来说，简直是天堂了，完全就是隐居。《反招隐诗》说："小隐隐陵薮，大隐隐朝市。"相较于封城期间的焦虑，看不到尽头，我的同事还反省所学无用，于事无补，后来靠着读苏轼，才安顿身心：如今隐于饭店，隐于隔离，大小隐并俱，陵薮朝市皆有，嘿嘿，我还嫌住得不够久呢！

隔离的十几天，写满了好几张饭店用纸，密密麻麻，或笔记批注，或附注提醒，把本书结构拟定，内容规划完毕。

终于，体验结束，半年之后，重回湖北，山还是山，水还是水，却是百感交涌，复杂难述，原本再熟悉不过的地方，却也铺上了一层陌生之境。

走进校园，那些草木、建筑、人事物境，感觉好像还是昨天的情景，似乎一觉醒来，大家都长大了。大一时，土里土气，仿佛刚从农村走出来的姑娘们，今天化了妆，换了发型，笑容灿烂，继续再从农村走出来。

人在变，学校也在变，当年秃秃光光的图书馆后径，如今竟成了樱花大道，花开花落，春秋代序，迎来一批又一批的小年轻。倒是池塘平静依旧，清风徐来，水波不兴，好像看透了人世的必然，无常的秘密。只是，或许它想说，忧喜因于相遇，兴尽悲来，都是盈虚，见怪不怪。

说起樱花，生平中所见，最好看的景色，是某次到日本参加研讨会，校园长椅上，老太太在喂孙子吃饭团，从背影望去，夕阳西下，白发苍苍，刹那间，俗念尽消，樱花纷飞，恍如天堂。

或许，这短暂的美，就是无我的境界之一。

《虚弱的反攻：开禧北伐》，就在回校生活的诸多感慨之中，从台湾到湖北，从台北到武汉，从八月到九月，从封城到开学，本书的 15 万字的文稿，生根、发叶、开花、结果，于焉完成。

最后，想说的是，对于读史用处以及当下生活的诸多感触，总是让人想起伊塔罗·卡尔维诺（Italo Calvino）的创作理念。卡尔维诺在《给下一轮太平盛世的备忘录》中，分析米兰·昆德拉（Milan Kundera）《生命中不可承受之轻》所说："我们所选择并珍惜的生命中的每一项轻盈事物，不久就会显示它真实的重量，令人无法承受。或许，只有智慧的活泼灵动才得以躲避这种判决。"看来，卡尔维诺意识到我们所存在的世界，充满了各种沉重的、迟钝的、晦暗的特质，为了摆脱这种困境，我们必须以轻盈的态势来承担，所以他要谈诗论艺，他强调文学家与世界的关系，就不能是拒绝观看本身命定生活的现实，而是要去接受、去消解，当作自己的独特感受与负荷。就是这种智慧的活泼灵动，才得以摆脱世界的晦淡、幽暗、卑鄙与了无生气，把沉重化为轻盈，将真实的重量抵消。

　　上下古今，纵观历史之后，苦难当前，我们要迂回前进，要爬过障碍，盖一些小建筑，寄一些小希望，学会更多的同情，懂得更多的理解——拥有更多，关于智慧的活泼灵动、关于读史之用。